乡镇（街道）社工站实务丛书

社工站人才培养怎么做

刘战旗 等 / 编著

中国社会出版社

国家一级出版社·全国百佳图书出版单位

图书在版编目（CIP）数据

社工站人才培养怎么做 ／ 刘战旗等编著 ． — 北京 ：
中国社会出版社，2024．7． ——（乡镇（街道）社工站实
务丛书 ／ 李焱林主编）． —— ISBN 978-7-5087-7024-6

Ⅰ．D669

中国国家版本馆 CIP 数据核字第 20246ＲＷ608 号

社工站人才培养怎么做

出 版 人：程　伟

丛书策划：王　前　李焱林

终 审 人：王　前

责任编辑：张　杰

装帧设计：尹　帅

出版发行：中国社会出版社

　　　　　（北京市西城区二龙路甲 33 号　邮编 100032）

印刷装订：河北鑫兆源印刷有限公司

版　　次：2024 年 7 月第 1 版

印　　次：2024 年 7 月第 1 次印刷

开　　本：170mm×240mm　1/16

字　　数：219 千字

印　　张：13.75

定　　价：48.00 元

本书各章编者

第1章：刘战旗　　杨婕娱　　王富国　　李军霞
第2章：刘战旗　　韩伟伟　　曾健锋　　毕文强
第3章：刘战旗　　姚小兰　　胡建新　　黄　丽
第4章：张可可　　刘战旗　　支艳春　　刘　巍
第5章：李柳英　　印　嫱　　张可可　　刘战旗
第6章：张志惠　　李柳英　　张可可　　胡建新
第7章：周碧霞　　苑芳乐　　伍　丽　　胡建新
第8章：李　搬　　黄　兴　　毕文强　　刘战旗
第9章：李柳英　　陈利敏　　李文静　　唐　莹
　　　　马清平　　王海莉　　杨欣然　　李冬旭

编者简介

刘战旗　长沙民政职业技术学院社会工作系副教授、专业带头人

胡建新　湖南师范大学社会学系副教授、长沙市千里社会组织评估中心理事长

张可可　武汉爱熙社会工作服务中心主任、高级社会工作师

杨婕娱　长沙民政职业技术学院社会工作系副教授、博士

王富国　长沙民政职业技术学院社会工作系讲师、中级社会工作师

支艳春　长沙民政职业技术学院社会工作系讲师、中级社会工作师

李军霞　长沙市千里社会组织评估中心总干事、中级社会工作师

毕文强　湖南省社会工作协会秘书长、中级社会工作师

韩伟伟　长沙市雨花区温心家园社会工作服务中心总干事、中级社会工作师

曾健锋　娄底市温心家园社会工作服务中心督导、中级社会工作师

姚小兰　长沙市雨花区孝为先社工服务中心总干事、岳阳县社工总站站长

李柳英　长沙政和社会工作发展中心督导、长沙县开慧镇社工站站长

印　嫱　长沙仁与公益组织发展与研究中心副总干事、中级社会工作师

周碧霞　株洲市种子社会工作服务与发展研究中心总干事、中级社会工作师

苑芳乐　株洲市种子社会工作服务与发展研究中心理事长、执证督导

李　搬　株洲市种子社会工作服务与发展研究中心副总干事、中级社会工作师

伍　丽　福州市长乐区种子社会工作服务中心总干事、长乐区社工站站长

黄　兴　邵阳市和谐社会工作服务中心总干事、督导

张志惠　常德市武陵区社会工作者协会社工、武陵区社工总站社工

黄　丽　怀化市乐仁社会工作服务中心总干事、怀化市鹤城区社工总站站长

刘　巍　上饶市社工站督导

陈利敏　常宁市齐心社会工作服务中心社工、塔山瑶族乡社工站社工

李文静　娄底市温心家园社会工作服务中心社工、冷水江市渣渡镇社工站站长

王海莉　理县湘川情社会工作服务中心副总干事、社工站项目负责人

唐　莹　常德市武陵区社会工作者协会社工、武陵区社工总站社工

马清平　常德市武陵区社会工作者协会社工、白马湖街道社工站社工

杨欣然　北京市大兴区益民农村社工事务所

李冬旭　北京市大兴区益民农村社工事务所

丛书前言

2006 年 10 月，党的十六届六中全会首次对构建社会主义和谐社会作出全面部署。党的十八大以来，以习近平同志为核心的党中央从党和人民事业发展的角度出发，进一步对社会建设作出了一系列重要论述和重大部署，将社会建设提到了前所未有的高度。社会建设工作是直接服务群众的工作，与群众冷暖息息相关，是我们党人民立场、人民情怀的集中体现。社会建设应坚持服务为先，以保障和改善民生为重点，着力解决人民最关心、最直接、最现实的利益问题。其中，加强和创新社会治理是社会建设的时代课题，是国家治理体系和治理能力现代化的重要内容。

民政部门履行基本民生保障、基层社会治理、基本社会服务等职责。民政工作关系民生、连着民心，是社会建设的兜底性、基础性工作，是国家治理体系和治理能力建设的重要基石。随着社会建设水平的不断提高，民政服务领域不断拓展、民政服务对象持续增加、民政服务诉求日益多元，民政部门迫切需要一支强有力的基层民政服务力量来回应民政服务对象日益增长的美好生活需要。然而，不同于教育、卫健等部门已在基层设立了专门的服务机构、配备了专业技术人员，民政部门长期缺乏专门的基层民政服务专业技术人才和机构。

1987 年，民政部在北京马甸举办"中国社会工作教育发展论证会"（学界称"马甸会议"），邀请原国家教育委员会、原人事部、原劳动部等政府部门，以及社会学与社会工作的专家、学者参与讨论，明确将社会工作专业作为民政工作的学科支撑。随后，民政部大力支持北京大学等高校恢复社会工作专业，并陆续出台社会工作者职业水平评价办法、民政事业单位社会工作专业技术岗位设置办法等系列政策文件，推动社会工作专业力量成为民政工作的专业技术人才。但受限于政府机构改革背景下机构编制和人员编制只减不增的红线，在体制内增设社会工作服务机构和社会工作专业技术岗位的尝试步履维艰。

2017 年初，为着力破解基层服务能力不足这一长期制约民政事业高质量发展的痼疾，民政部将加强基层民政工作作为贯穿全年的重点任务，通过抓住和"解剖"乡镇这个"点"，查找乡镇民政工作存在的薄弱环节和突出问题，总结各地在实际工作中创造出的好经验好做法，探索可做到、可推广和可持续的长效机制。为深入贯彻落实民政部关于加强基层民政服务能力的工作部署，广东、湖南等地先后通过政府直聘社会工作者、政府购买社会工作服务等方式，开展乡镇（街道）社工站建设，配备一支专业社会工作人才队伍扎根基层一线提供服务，有力地充实了基层民政服务力量，提升了基层民政服务水平，使基层民政力量薄弱这一老大难问题得到了根本性缓解，为各地提供了示范和参考。

2020 年 10 月，民政部在湖南长沙召开"加强乡镇（街道）社会工作人才队伍建设推进会"。会上，时任民政部党组书记、部长李纪恒高度肯定了广东、湖南等地通过建设乡镇（街道）社工站加强基层民政能力建设的做法，要求各地因地制宜、分类推进，全面开展乡镇（街道）社工站建设。2021 年 4 月，民政部办公厅印发《关于加快乡镇（街道）社工站建设的通知》（民办函〔2021〕20 号），进一步要求各地加紧制定政策，将乡镇（街道）社工站建设纳入民政重点工作；加强资金保障，统筹社会救助、养老服务、儿童福利、社区建设、社会事务等领域政府购买服务资金及彩票公益金中用于老年人、残疾人、儿童和社会公益等支出资金，优先用于购买乡镇（街道）社会工作服务；把握推进步骤，抓紧制定时间表和路线图，争取"十四五"期间实现乡镇（街道）社工站全覆盖。在民政部的统一部署下，各地社工站建设全面推进。截至 2023 年 1 月，全国已建成社工站 2.9 万个，7 万名社会工作者驻站开展服务，总覆盖率达 78%，其中 8 个省份已实现全覆盖，16 个省份覆盖率超 80%。

乡镇（街道）社工站迅速成为中央和地方各级各部门推进社会建设的重要抓手。党中央、国务院先后在基层治理、乡村振兴等多项国家发展规划中对社工站建设进行了部署，民政部将社工站建设纳入兜底民生和民政事业改革统筹安排，地方政府将社工站建设纳入党委政府民生实事重点工程。乡镇（街道）社工站建设的重要意义包括但不限于以下三个方面：首先，它为民政部门配备了一支与本部门专业对口、由本部门业务管理的基层社会工作专业技术人才队伍。这支队伍不论在数量上，还是在年龄、学历、综合能力、专业素养和工作热情上，都具备较大的优势，为基层民政服务奠定了坚实的组织和人才基础，为民政事业的转型升级和高质量发展提供了人才支撑。其次，它搭建了一个民生服务综合平台。乡镇（街道）社工站从乡镇（街道）层面对辖区内已有服务阵地进行整合和盘活，对村居的兼职民政工作人员、村医、村小教师等已有服务力量进行增能培力，并通过链接各级民政部门、其他各级政府部门资源以及社会慈善力量，因地制宜推动民生服务系统化、专业化发展。最后，乡镇（街道）社工站以服务特定困难人群为切入点，通过联动各方服务特定困难人群的这一过程，撬动社区内外各类资源，调动社区内外各方力量，激发基层社会治理活力，激活社区内生动力，逐渐形成一套社区自我服务机制，创新和完善了基层治理体系。

实践表明，乡镇（街道）社工站建设是一个从调研论证，到顶层设计、项目动员、政府采购、启动实施、项目监管、专业支持及经验成效总结，循环往复发展的过程。这一过程不仅需要省、市、县、乡四级民政部门上下联动、密切配合，也离不开各级财政、人社、组织、审计等相关部门的通力合作、无缝对接，离不开省级项目办、市级指导中心、县市区社工总站的鼎力协助、专业支持，尤其离不开项目承接机构和站点一线社工的积极投身、倾力建设。建设过程延续，建设主体多元，建设内容多样，加之这是一项创新性的工作，各建设主体的参与意识、能力和经验不一，建设成效参差不齐。从各地实际来看，乡镇（街道）社工站建设中普遍存在体制机制不完善、项目承接机构行政和服务管理经验缺乏、站点一线社工专业知识和技能不足等问题，严重制约着乡镇（街道）社工站作用的进一步发挥。

为此，中国社会出版社组织高校社会工作学者和资深社会工作实务工作者，编写了"乡镇（街道）社工站实务丛书"，以期为乡镇（街道）社工站各建设主体持续深入推进社工站建设提供实操指引。本丛书以先行先试地区的经验和案例为蓝本，从乡镇（街道）社工站建设的宏观、中观和微观层面展开详细论述。其中，宏观层面讨论了如何建立健全乡镇（街道）社工站的体制机制，中观层面讨论了如何开展乡镇（街道）社工站的人才培养、督导支持、项目设计、运营管理，微观层面讨论了乡镇（街道）社工站（点）如何提供社区、社会救助、儿童和老年人社会工作服务。

2023 年 3 月，党和国家机构改革，组建中央社会工作部，负责统筹推进党建引领基层治理，指导社会工作人才队伍建设。2024 年 7 月，党的二十届三中全会审议通过的《中共中央关于进一步全面深化改革 推进中国式现代化的决定》进一步作出部署，要"健全社会工作体制机制，加强党建引领基层治理，加强社会工作者队伍建设"。当前，乡镇（街道）社工站已然成为社会建设的重要抓手，丛书的出版既是对本土社会工作实务经验的阶段性总结，也为进一步做好乡镇（街道）社工站建设提供了指引。丛书在编写过程中得到了各分册撰写团队的大力支持，很多专家、学者及社会工作者对丛书的编写提出了宝贵建议，在此表示衷心感谢。乡镇（街道）社工站建设是一项正处于快速发展过程之中的开创性工作，限于编写人员的能力与水平，书中难免会有一些阐述不到位、不准确的地方，还请各位读者多多批评指正并提出宝贵建议。期待在大家的指导和帮助下，共同助力乡镇（街道）社工站更好更快地建设和发展。

目 录
CONTENTS

第 1 章

自我认知与职业认知

　　《"十四五"民政事业发展规划》提出，"十四五"期间，建立村（社区）—街道（乡镇）—区（县）三级社会工作服务体系，按照"有场地、有设备、有人员、有服务功能、有工作流程、有规章制度"的标准，加快推进乡镇（街道）社工站（以下简称社工站）建设。社工站全面建设实施，快速推进了社会工作向县域和乡村发展，数万名在社工站从业的社工人才（以下简称乡镇社工）规模化"先上岗再培养"，其职业发展与专业效能备受关注。社工站特定的环境及先上岗再培养的实践方式，决定了规模化快速上岗仅仅是乡镇社工职业化、专业化的开端。关注社工站实践探索的新形态，准确把握社工站人才特征，探索适合社工站人才的职业化、专业化路径，对发展中国特色社会工作理论研究和实践探索均具有重要价值。本章将探讨社工站人才的职业特征、职业发展及培养使用，以期使社工站人才有更清晰的自我认知和职业认知。

第一节　社工站人才职业特征

　　社工站及乡镇社工广泛分布于县域和乡村，极大地改变了社会工作力量主要集中在经济发达地区及中心城区的现状。乡镇社工是一支怎样的社工人才队伍，有怎样的职业特征，对中国社会工作职业化、专业化带来什么新的可能性？与既往社工人才相比，乡镇社工在数量规模、来源渠道、分布场域、职业认同等方面均已发生了很大变化，这为加速我国社会工作职业化带来了新的可能。

一、社工站人才基本认知

（一）推进社会工作力量向县域和乡村快速发展

社工站主要建设在县域的乡镇和村庄。全覆盖、大规模推进的社工站及乡镇社工人才队伍建设，其政策环境和实践处境与既往社会工作实践有很大不同。具体表现在四个方面：第一，人才规模方面，在社工站从业的乡镇社工占据本地社工的绝对多数。如湖南社工站全省全覆盖后，专职乡镇社工从业者达到4000余人，比过去10年湖南全省发展的专职社工总量还多出数倍。第二，人才分布方面，不同于既往社工力量主要分布于主要城市和中心城区，乡镇社工主要分布在县域和乡村的社工站平台，极大地推动了社会工作力量向县域和乡村发展。第三，人才来源方面，乡镇社工不是从外地派驻或跨省跨地区流动的社工，主要来自县域乡镇的本地人，是土生土长的本地青年人，具有本地户籍，说着当地方言，常住县域乡村。第四，人才专业方面，除极少数是从外地返乡入职的科班社工外，绝大多数乡镇社工入职前基本没有社会工作教育经历和从业经验，基本上是先上岗再培养。

（二）已成为我国专职社工人才队伍最重要的组成部分

可以预见，随着全国全面实施基层社工站建设，在社工站上岗的专职社工人数规模将在10万人以上，成为我国专职社工人才队伍最重要的组成部分，并广泛分布在县域和乡村。社工站特定的环境及先上岗再培养的实践方式，决定了规模化快速上岗仅仅是乡镇社工职业化、专业化的开端。关注社工站实践探索的新形态，准确把握社工站人才特征，对于建设适合社工站人才的培养机制和培训体系，探索适合社工站人才的职业化、专业化路径具有重要意义。从社会工作教育督导或专业人才培养的角度看，也将改变以大学为本的假设出发的实践理论主张，相反，"成人教育""实践教育""服务学习"等或会成为重要的人才培养方式。

（三）与教育、卫生人才一样具有不可替代的专业价值

专业性、专业作用发挥是社会工作生命力及不可替代性的关键所在。就像国家发展教育事业，要有教育政策，有学校有老师，教育部门依据政

策配置教育经费和设施条件，学校开展教学要有教育工作者，教书育人是老师的职责；国家发展卫生事业，要有卫生政策，有医院有医生，诊断、治疗、开处方、做手术必须要有专业的医务工作者，治病救人是医生的职责。社工站建设同样如此。社会工作是在党的领导下，为困难群众服务的专业力量，国家发展民政事业，增进民生福祉，要有社会政策，有社工站有社工，需求评估、方案设计、资源动员、关系调适、社区参与、社会支持等必须要有专业的社会工作者，帮助困难群众走出困境过上美好生活是社工的职责。政府部门应做好政策规划，为乡镇社工发挥专业作用创造条件和保障，防止社工站行政化；乡镇社工自身也要练就本领履职尽责，在困难群众帮扶、社会支持网络构建、社区参与能力提升等方面发挥专业作用，为基层治理与服务提供专业技术支持。

拓展阅读

全国已建成乡镇（街道）社工站2.1万余个
5.3万余名社会工作者驻站开展服务

2022 年 7 月 19 日，民政部举行加强乡镇（街道）社工站建设 2022 年年中交流会。据介绍，截至 6 月 30 日，全国已建成乡镇（街道）社工站 2.1 万余个，7 个省份实现了乡镇（街道）社工站全覆盖，17 个省份覆盖率已超过 50%，全国覆盖率达 56%。

会议分析，今年上半年全国乡镇（街道）社工站建设呈现三个特点：一是社工站建设得到高度重视。党中央、国务院关于基层治理、乡村振兴、促进就业等多个文件对社工站建设进行部署；民政部将社工站建设纳入疫情防控、兜底民生和民政事业改革统筹安排；各地方将社工站建设纳入党委、政府重点工作。二是社工站建设得到深度部署。各地在制度体系、组织架构、资金保障、标准规范、成效评估等各方面齐头并进、一体推动。三是社工站建设得到广泛辐射。社工站建设增速不断加快，社会工作服务向中西部省份、农村地区拓展，极大提升了社会工作服务的覆盖面和可及度。

会议指出，目前乡镇（街道）社工站建设面临新形势：一要在服务大局促就业中发挥作用。要进一步加快社工站建设步伐，挖掘新增就业岗位潜力，并在定岗定酬、提升待遇、畅通渠道等方面进一步优化社会工作就业环境。二要在保障民生兜底线中发挥作用。要进一步落实支持社会工作参与社会救助的政策措施，构建常态化社会救助专项经费购买社会工作服务机制，规范引导社工站聚焦困难群体或生活临时陷入困境群体。三要继续助力提升民政基层服务能力。推动乡镇（街道）社工站更加全面融入"一老一小"、"一残一困"、基层社区治理等工作，有机嵌入基层"民政大系统"，推动形成"上面五条线（五社联动）""落地一张网（社工站）""服务基层民政工作一盘棋"的良好局面，把乡镇（街道）社工站打造成壮大民政基层力量、落细民政基层服务的重要阵地。

会议要求，一要补齐短板，进一步强化社工站政策引领和资金保障；二要因地制宜，进一步加快社工站推进步骤；三要精准规范，进一步做好社工站成效监管和风险管理。

来源：《公益时报》2022年7月19日。

二、社工站人才职业特征

社工站人才有其区别于一般社会工作场域的特定职业环境和职业动机，工作场域为长期生活、比较熟悉的乡镇（街道），从业者主要为本地青年，受过较好的高等教育，有较强的价值选择、家乡情感和家庭观念，有较高的职业认同，获得了自身、家庭、乡镇、机构、群众较广泛的支持，期待在家乡获得良好的职业发展机会，是一支规模庞大、快速发展、可塑性强、扎根基层的本地社会工作力量。社工站人才职业特征如图1-1所示。

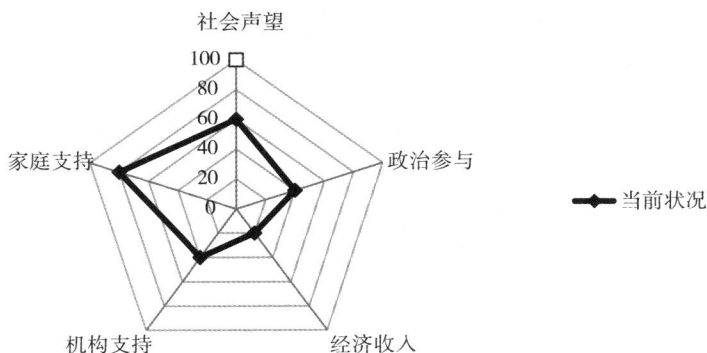

图 1-1　社工站人才职业特征示意图

（一）人才来源方面：主要来自本地青年，家乡和家庭观念浓厚

立足家乡和兼顾家庭是其职业选择的基本出发点。乡镇社工大多是本地青年，"家乡""家庭"是择业考虑的首要因素，希望能就近获得稳定的职业发展机会。乡镇社工岗位较好契合了从业者在家乡稳定就业并兼顾家庭生活的需求。乡村和家乡的特定场域，增加了该岗位对本地"留守"和"返乡"青年的职业吸引力。

（二）价值取向方面：关心群众疾苦，有较强的价值选择和自我实现愿望

乡镇社工普遍认为在社工站或社工机构工作挺有意义，最看重"能够接触许多困难群众，帮到一些需要帮助的人"。除少部分从业者接受过系统专业训练外，大部分从业者并未接受过社会工作专业教育，但众多从业者都表示做过志愿服务或热心公益活动。从业者更多视社会工作为一种道德实践，职业选择本身也是一种价值选择，有较强的自我实现愿望。

（三）经济收入方面：主要来自政府购买服务经费，收入水平总体不高

乡镇社工收入比较稳定，保险购买比较规范，但收入普遍不高。"全覆盖""规模化"的实践模式，促使各地快速开发出大量职业岗位，但经费投入地区差异很大，经济欠发达地区财政经费很紧张。如果社工站经费来源单一，政府购买服务价格不提高，乡镇社工收入就难以增长。受限于经济发展水平和地区发展差异，这一结构性矛盾短期难以解决。

（四）政治参与方面：职业延展空间较大，政治参与机会较多

乡镇社工岗位主要分布在乡镇和村庄，与本地党政机关、群团组织、事业单位等单位联系密切，可以获得较好职业延展空间与政治参与机会，有更多机会发展成为党员、青年代表、妇女代表、人大代表、政协委员等。因为业务熟练、技能良好、关系紧密、彼此信任、信息畅通等职场优势和便利条件，当有合适的机会出现时，乡镇社工更可能被吸纳到体制内岗位。

（五）社会声望方面：得到多方认可，在乡村熟人社会中有较高的社会声望

乡镇社工在熟悉的家乡，结合本地文化开展困难群众帮扶和公益慈善活动，常做"好人好事"，社会形象为"充满社会责任的热心青年"，得到政府、群众、亲友的广泛认可和支持，拥有较高的社会声望。这些声望并非来自乡镇社工的专业技术，更多是来自社会工作"道德实践"的本质属性，及"关系为本""守望相助"的乡村传统文化特征。

社工站起步阶段，起点可以低些，底子可以薄些，重要的是作为一支扎根基层、常驻乡村的新兴专业力量，要能持续积累本地社会资本，培养本地公益人才，活化本地公共空间，发挥专业支撑作用。阶段性实践显示，乡镇社工以其良好的政府关系和群众关系，较好融入了基层民政工作和乡村治理体系。规模化实践背景下，政府对社工站及乡镇社工的评价很注重财政投入的综合绩效和整体效益。乡镇社工通过走访探视和活动开展，在民政事务和民生保障工作方面取得显著成效，在困难群众服务性救助、困境儿童保护、社区活力激发、志愿者骨干培养等专业服务方面尚需加强。相信随着支持环境条件的改善和自身专业水平的提升，必能看到社工站与社工服务给基层民生和治理带来的变化。

━━━ 拓展阅读 ┄┄┄┄┄┄┄┄┄┄┄┄┄┄┄┄┄┄┄┄┄┄┄┄┄┄┄┄┄┄┄┄┄

乡镇社工具有很强的家乡情感、价值选择和家庭观念

2021年9月，长沙民政职业技术学院"乡镇社工职业特征与职业化培

养路径研究"课题组对湖南省乡镇社工从业动机进行了调查。关于上岗前对乡镇社工的认识，65%的受访者认为"这份工作挺有意义，在获得收入的同时也做些能帮助群众的事情"；37%的受访者表示"很认同社会工作，就想在家乡从事社会工作"；46%的受访者表示当时"不了解乡镇社工是什么，就想先做着试试看"；只有10%的受访者选择"这就是一份养家糊口的普通工作，和其他工作没啥区别"。由此可见，乡镇社工从业者对社工的基本认识是"在家乡""帮助人""有意义"，是带着较强的家乡情感和价值取向选择从事乡镇社工。关于选择从事乡镇社工最看重的是什么，约72%的受访者表示"能够接触许多困难群众，帮到一些需要帮助的人"；约68%的受访者表示"在家乡，离家近，可以照顾家庭，与家人在一起"；约42%的受访者表示"希望能够建设家乡，在家乡做些有价值的事情"。由此显示，帮助困难群众、能够建设家乡、可以照顾家庭是乡镇社工最看重的3个方面，再次印证了乡镇社工具有很强的家乡情感、价值选择和家庭观念。

问卷第13题（多选题）：从事乡镇社工之前有哪些与社工专业相关的工作经验？

选项	小计	比例
有在社工机构从事社会工作专业服务的工作经验	85	14.36%
有做过志愿者，或经常做好人好事	305	51.52%
有与各种困难群众经常打交道的工作经验	200	33.78%
几乎从来没有什么相关工作经验	213	35.98%
本题有效填写人次	592	

问卷第 14 题（多选题）：什么机缘选择从事乡镇社工？

选项	小计	比例
亲友熟人建议做，就尝试下	257	43.41%
平时喜欢做慈善做公益，遇到这次机会就想尝试	230	38.85%
在家闲着恰好有这个机会就试试	150	25.34%
原来的工作不理想，辞了之前的工作，换个工作试试看	95	16.05%
学过社工或做过社工相关的事，知道家乡招募社工，专门返回家乡	63	10.64%
其他	26	4.39%
本题有效填写人次	592	

问卷第 15 题（多选题）："选择从事乡镇社工这份工作，最看重什么？"

选项	小计	比例
能够接触许多困难群众，帮到一些需要帮助的人	429	72.47%
在家乡，离家近，可以照顾家庭，与家人在一起	400	67.57%
希望能够建设家乡，在家乡做些有价值的事情	251	42.4%
有双休日，上班朝九晚五，看起来比较轻松	196	33.11%
和政府人员一起工作，未来进入政府单位的机会可能多一些	110	18.58%
其他	10	1.69%
本题有效填写人次	592	

问卷第 38 题（单选题）：家人是否支持您从事该工作？

选项	小计	比例
是	560	94.59%
否	32	5.41%
本题有效填写人次	592	

来源：2021 年 9 月，长沙民政职业技术学院"乡镇社工职业特征与职业化培养路径研究"课题组对湖南省乡镇社工问卷调查。

第二节　社工站人才职业发展

什么是职业？社会学家吉登斯的解释是："一个职业就是用来交换一份稳定的工资或薪水的工作。"乡镇社工职业选择主要是与外部的职业环境和个体的职业期望息息相关，涵盖薪酬待遇、劳动条件和职业发展等综合因素。乡镇社工主要是以社工为职业的本地青年，从职业分层视角分析其职业困境，要准确把握其职业特征与发展诉求，就必须充分关注影响乡镇社工职业选择的关键因素，基于此探寻促进乡镇社工职业发展的实施路径。社工站人才职业发展支持维度如图 1-2 所示。

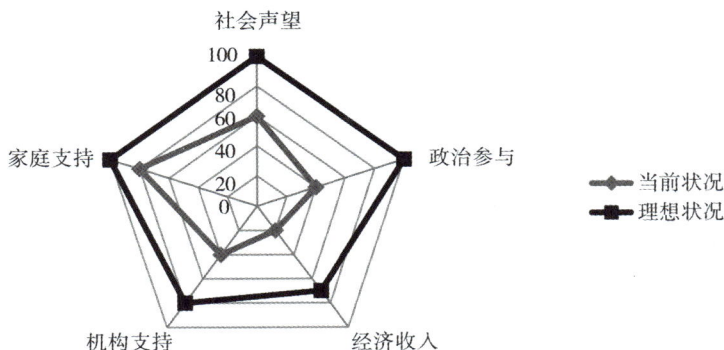

图 1-2　社工站人才职业发展支持维度示意图

11

一、为兼顾家庭生活创造便利条件，提升乡镇社工家庭和亲友支持

在家乡、离家近、能顾家是乡镇社工职业选择最重要的前提，并为此而阶段性地接受待遇较低的现状，与家人亲友建立共识。因此，促进乡镇社工职业发展，不能违背此前提，政府和社工机构应充分尊重、理解乡镇社工兼顾家庭生活的需求，在工作地点、交通工具、居家方式、生活关怀等方面积极创造便利条件和有利环境，最大限度地提升家人亲友支持，为其职业发展创造良好的家庭亲友支持环境。

二、充分发挥本地文化资源优势，提升乡镇社工社会声望和价值感

社会工作是一种以助人为目的的专业和职业。从社会化角度讲，乡镇社工职业选择与其所处的社会环境密切相关，文化传统和社会环境对职业声望有深远的影响。中国的乡土社会结构是"差序格局"，在传统社会尤其是具有乡土性的农村社会基层，帮助他人是一个人自我价值和能力的体现。乡镇社工的从业动机中很看重能够帮助困难群体，政府和社工机构需要将这种文化特质和价值选择，从个人扩展至家族、地缘群体、业缘群体，以及整个区域有需要帮助的服务对象，像倡导"一人当兵全家光荣"一样倡导从事乡镇社工光荣，弘扬社会工作和公益慈善文化，动员正式与非正式资源服务群众，进一步提升乡镇社工声望和价值感。

三、丰富人才培养和激励方式，政社协同拓展社工政治参与机会

社会工作是党领导下为困难群众服务的专业力量。社工站主要设立在乡镇和村庄，从业者以本地女性青年为主，服务辖区儿童、妇女、老人、残疾人等群体，促进政策顺畅通达群众身边，发挥密切党群联系的桥梁纽带功能。按照党管人才原则，加强党对社会工作的领导，准确把握党建与社会工作的内在契合性，畅通政治参与渠道。统战部门可将社工纳入新社会阶层，人社部门可将社工纳入乡村振兴、社会治理人才培养计划，党群组织可积极推荐社工成为党员、团员、党代表（委员）、青年代表（委员）、妇女代表（委员）、人大代表、政协委员。进一步丰富表彰激励方

式，授予社工站和社工先进集体、劳动模范、技术能手、青年文明号、五四标兵、三八红旗手、最美女性、优秀巾帼志愿者、优秀青年志愿者、助残阳光使者、先进个人等荣誉称号。通过畅通乡镇社工政治参与渠道，拓展职业发展和政治参与机会。

四、拓宽经费来源渠道和待遇增长空间，建立职级标准，加强职业保障

待遇是职业选择最重要的因素之一，提高待遇是保障乡镇社工发挥作用的基础。社工机构经费主要来自政府购买服务，政府购买服务价格如果不增长，社工待遇就很难增长。社工站经费主要来自社会救助经费，暂未纳入财政专项。全面实现小康后，各地社会救助对象逐步减少，社会救助经费也相应减少，加之疫情、灾害等因素对经济发展的不利影响，政府购买社工站服务经费增长受限。要想促进乡镇社工职业发展，提升社工经济收入，就必须拓展社工站和社工机构经费来源。一方面需要围绕群众"急难愁盼"需求问题，积极整合民政部门内部各项业务资源及社工站服务领域相关的部门（群团）资源，加大财政支持力度；另一方面需要积极探索有偿社会服务，依托乡村振兴、积极应对老龄化、健康中国、共同富裕等国家战略，将社会工作与群众生活服务结合，融入为儿童、老人、残疾人及广大社区居民服务的生活性服务业。同时，政府部门和行业组织应积极建立社会工作职业标准，明晰与从业者经验和能力相匹配的职级晋升和待遇增长方式，在业务发展中加强社工站人才职业保障，实现职业发展与行业发展的相互促进。

五、建立有利于乡镇社工职业发展的运行管理制度，完善机构保障支持系统

社工人才的发展伴随社工机构的发展而兴起，社工机构是社会工作专业化和职业化的重要载体。乡镇社工身份为社工机构聘用的工作人员，人事关系在社工机构，工作场域在社工站。社工站（社工机构）的运营管理水平和内部支持系统是影响社工人才作用发挥最重要的环境系统。社工站建设极大地促进了社会工作向县域和乡村发展，政府购买社工站服务项目也直接培育发展了众多初创期的县域本土社工机构，与社工站同时起步发展，迫切需要完善制度建设。实践和研究显示，理顺政社各方职责，促进社工站沿着职业化、专业化方向发展，为乡镇社工职业发展和作用发挥提供支持保障，是社工站服务平台运行管理制度建设的核心要义，人事绩效与激励制度和项目执行管理制度是社工站制度最重要的组成部分。通过激励保障机制，可以促进社工内生动力和职业认同，既形成多方有序推进合力，又保障社工专业自主空间，实现社工站高质量运行管理。

拓展阅读 ....

乡镇社工人才"学情分析"

乡镇社工从业者的职场经验和专业基础有较大的分化，通常可以分为三类。

第一类是大学就读社工专业及有社工行业经验的从业者，分别占比3%和14%。这部分乡镇社工对专业、行业有较好的认知理解，有较明确的职业选择和规划，往往在入职时即成为社工站的管理者和专业骨干。

第二类是参加过专业知识培训及有一定职场经验的从业者，分别占比39%和55%。这部分乡镇社工虽然专业性不强，但有一定的"爱心助人"经验和本地生活工作经验，其职业发展、职业转型的意识意愿较强，经验优势和敬业精神能有效弥补专业技能的不足，促使其较快得到相关方的认可。

第三类是完全没有接触了解过社工（公益慈善及志愿服务）相关领域，也没有正式职场经验，在价值选择、工作经验、专业基础方面均比较匮乏，分别占比56%和36%。这部分乡镇社工从业入职具有较大的偶然性，"试试看"及职业分化的不确定因素较大。

全面、客观认识乡镇社工入职时的职场经验和专业基础，准确掌握乡镇社工从业者的基础、特点、动机，做好乡镇社工人才"学情分析"，才能更有针对性地分层分类开展专业培养和继续教育，并通过科学合理的考核评价办法优化乡镇社工人才队伍。

来源：2021 年 9 月，长沙民政职业技术学院"乡镇社工职业特征与职业化培养路径研究"课题组对湖南省乡镇社工问卷调查。

第三节 社工站人才培养使用

社工站人才"先上岗再培养"，上岗只是第一步，如何培养、使用、评价、激励，建设适合社工站人才职业化和专业化发展的支撑体系，使社工人才和服务设施充分发挥作用，是社工站人才队伍建设的关键议题。乡镇社工站广泛分布在乡镇和村庄，从业者以本地青年为主，大部分没有社会工作教育和从业经历，需要加强继续教育，加快形成有利于乡镇社工专业成长的培训机制和督导机制，有利于其专业效能发挥的使用、评价与激励保障机制，让乡镇社工在基层安心扎根，消除后顾之忧，看到职业前景，增强职业信心和动力，才能更好地发挥作用。

一、培训机制

培训理念方面，需要遵循优势视角、在地化和增能的理念，看到现有社工综合经验和本地人的在地优势，结合乡镇社工实际处境，采用基于"在地优势+政策运用+方法技能+知识理论"先后顺序的培养路径方法，为社工赋能。乡镇社工最大的优势是在地优势和经验优势，熟悉本地风俗人情，与社区（乡村）有着天然的融合性，有助于较快建立信任关系，动员在地资源网络发挥作用；乡镇社工常驻乡村基层，就在服务现场，经常需要运用政策开展救助帮扶，能够打通兜底民生保障政策实践的"最后一米"；在此基础上边工作边学习必要的方法技能，逐步接触理解基础知识理论。因此，"充分发挥在地优势、优先掌握政策应用、逐步锻炼方法技能、慢慢领会知识理论"是更适合乡镇社工的培养方式，以更好提升其从业信心和动力，增强自我效能感。培训内容方面，以工作场景的实际需要为依据，以职业技能培训为主、理论通识培训为辅，可设置站长、社工、督导等不同班次。培训周期方面，第一年度以民政政策、职场通用技能、调查评估技能为主，之后逐步提升和掌握方案设计技能、服务提供技能、成效总结技能。培训形式方面，乡镇社工规模庞大，难以集中培训，技能培训也不宜规模化培训，因此社工通识教育可以采用优质在线资源课程，技能培训宜选拔培养部分站长和社工成为技术骨干，实行小班制线下技能训练，逐步分批次扩大培训范围。

二、督导机制

督导理念方面，宜采用同行、陪伴的理念，支持乡镇社工成长。督导内容方面，宜将工作规划、方案设计、骨干培养、技能训练、成效总结等关键事项纳入督导内容范畴，把握站点运行、服务提供、人才培养的标准质量。督导对象方面，宜将站长及部分社工骨干确定为督导优先服务对象，分批次培养骨干，避免面面俱到或片面追求数量，要通过督导实现可以衡量的阶段性骨干人才培养成效。督导来源方面，可以来自高校或行业，也可以来自本地或外地，或者来自机构或外部，关键是要具有比较丰富的实务经验，可以胜任督导职责，逐步形成本地区、本机构的督导梯队。督导形式方面，可以个别督导或团体督导，宜以线下现场督导为主、线上远程督导为辅，鼓励加强机构内部和本地区的朋辈督导，加强不同县域不同站点之间的互访交流，建立朋辈支持。

三、使用机制

基层政府和用人单位应当按照社会工作职业任务要求使用社工，为其发挥专业优势创造有利条件，警惕社工事务化和行政化。广东省明确按照"经办在乡镇（街道）、服务在村（居）"的原则统筹设置事务性和服务性岗位。事务性岗位职责负责服务窗口事务性工作，经办社会救助、养老服务、儿童福利、残疾人事务等，包括受理相关业务申请、开展政策宣传、进行服务对象信息核对及管理等工作。服务性岗位职责包括协助识别服务对象、评估服务需求、统筹开展服务、推动共建共治共享等工作。湖南省明确要求制定《乡镇（街道）社工站专业服务清单》和《乡镇（街道）社工站负面工作清单》，厘清社会事务办（民政站所）与乡镇（街道）社工站的职责边界，将"社会救助、养老服务、儿童关爱、社区治理"四大领域社工专业服务的开展情况与服务成效作为实施社工站项目的根本依据，促进社工发挥专业效能。

四、评价机制

宜从任务完成、自身成长、价值理念、技能水平、群众认可等多个维度建立和完善乡镇社工人才评价标准。任务完成方面，主要评价社工所承担任务指标完成情况。自身成长方面，主要评价社工年度周期内自身的成长变化情况。价值理念方面，主要评价社工政治素质素养和专业价值信念。技能水平方面，主要评价社工所掌握的技能特长，能够较好地处理哪些常见问题，胜任哪些常规任务，包括但不限于职业资格证书获取。群众认可方面，主要是服务对象对社工的评价认可及资方或所服务区域民政部门对社工的评价认可。鼓励乡镇社工在一定时间周期内考取社会工作者职业资格证书。

五、激励保障机制

重点从薪酬、激励、保障等方面开展工作，建立社会工作职级体系。鼓励各地参考广东、上海等地经验，建立完善与社会工作服务专业水平相对应的职级薪酬体系，制定相应的社会工作类专业技术人员薪酬指导价位表。按照党管人才原则，鼓励政治素质好、业务水平高的社工人才依法参政议政，畅通加入中国共产党、各民主党派及群团组织的渠道，逐步提高乡镇社工在党代表、人大代表、政协委员中的名额比例，推荐评选领军人才、技术能手、道德模范、劳动模范、三八红旗手、青年文明号等荣誉。按照"谁使用、谁购买"的原则，建立党政机关、群团组织、乡镇（街道）分层次、分领域按需购买社会工作服务的供给机制，建立与服务数量、质量要求相应的经费保障机制。

社会工作是党领导下为困难群众服务的专业力量。乡镇社工上岗仅是第一步，培养一名成熟的乡镇社工需要几年甚至更长的时间。未来探索中，需要加强对乡镇社工人才特点和工作实际处境的深入研究，加快建立与其特点相适应的培养机制，畅通乡镇社工参与基层社区治理渠道，为"十四五"期间全面建立村（社区）—街道（乡镇）—区（县）三级社会工作服务体系提供高质量人才技术支撑。

知识链接

乡镇（街道）社工站新手社工如何体现出"专业性"

要让乡镇（街道）政府或其他部门对社工有真正的理解，社工需要做好以下几方面工作：

一是跟乡镇（街道）政府建立日常的沟通、汇报和联系机制，争取与乡镇（街道）政府建立起平等、相互尊重和合作的伙伴关系，为乡镇（街道）社工站开展专业服务赢得时间和空间。

二是秉持专业的服务理念和服务意识，一步一个脚印把服务做扎实，并通过总结、归纳、提炼和书写等方式把一些富有成效的案例写出来。成效案例要突出社工用了什么专业手法和服务前后的变化等，为下一步宣传和推广积累素材。与政府的互动关系中，定期的服务成效工作汇报尤为重要，要把社会工作在基层社会治理、困难群体兜底服务以及充实基层民政力量等方面的作用通过定期的汇报呈现出来，彰显社工的专业性。

三是建立对外呈现服务的平台和渠道，制订社会工作服务宣传和传播计划，有目的、有步骤地把专业服务成效推广出去。经过不断的实践、学习和宣传推广，并把这些工作内化成为乡镇（街道）社工站的常规工作，就能够逐步把社会工作的专业性呈现出来，得到外界的理解、认可和参与，从而在困难群体兜底保障和社区治理等方面发挥更大的作用。

来源：刘文贤. 乡镇（街道）社工站新手社工如何体现出"专业性"
［J］. 中国社会工作，2021（15）：38-39.

第 2 章

组建学习型团队

社工站不仅是服务项目，更是社会工作服务平台，规划设计中包含了加强基层力量、社会工作服务提供、社会工作人才培养、社会工作组织培育等多层面的目标导向。多地规划中提到"支持培育一批社会组织到乡镇（街道）设立社会工作站点，组织社会工作专业人才到基层一线开展专业服务"，打通服务群众"最后一米"，使各项惠民政策落到实处。人才是事业发展的重要支撑，各地社工站规划设计中，也普遍将社工人才培养列为社工站建设的重要目标。本章将基于乡镇社工职业特征和典型工作任务，讨论乡镇社工需要具备的知识技能、如何运用"服务学习"的理念方法、如何建设学习型团队，以使其较快具备职业胜任能力。

第一节　找准需要优先掌握的知识技能

人才培养需要较长的周期，乡镇社工"先上岗再培养"，即在岗培养。"社工岗位都有任务指标，懂不懂你都得想办法先做起来"。社工在岗每天首先要做事，做什么学什么，其培养环境和培养方式与社工专业大学生的培养有很大不同。需要基于乡镇社工职业特征和典型工作任务，从乡镇社工实际服务内容和真实工作场景出发，找准需要优先学习掌握的知识技能，快速提升其职业胜任能力。

一、通过学习提升社工职业胜任能力

社会工作的专业能力，又称社会工作专业素质，基本含义是专业社工机构及专业社会工作者应该具备的综合性能力。其具体内涵包括专业社会工作所必需的基础理论、专业方法和技巧、专业经验、专业

的价值和伦理等各个方面。① 乡镇社工虽然被看成是专业技术人员，但在实际工作情境中，更强调的是职业胜任能力或职业综合水平。乡镇社工职业胜任能力大致可分为专业能力和综合能力。专业能力与专业教育和专业经验紧密相关，综合能力则与职场经验和社会关系紧密相关。

　　乡镇社工在乡镇基层场域面向特定的服务对象开展社会工作服务，通常相对聚焦民政主责主业，当前阶段主要服务儿童、老人、残疾人、特困人群等民政对象，其典型工作任务包括入户调查、走访探视、政策宣传、救助帮扶、个案管理、矛盾调处、活动开展、组织培育发展、协商议事等。乡镇社工人才培养，应当遵循社会工作应用型人才培养的逻辑，以岗位职责要求及职业胜任力为原点来定位人才培养的目标，将专业知识技能培养纳入职业胜任力的综合范畴。

二、根据典型工作任务确定学习内容

　　基于乡镇社工岗位职责和典型任务，从乡镇社工实际服务内容和真实工作场景出发，对乡镇社工实际从业经验调查显示，需要掌握 5 个方面的知识技能。

　　职场通用技能，包括人际沟通、团队协作、工作计划、新闻传播、档案管理五项。乡镇社工需要充分熟悉乡镇和村社的基层工作环境，具备该职场环境工作所需的通用技能。

　　调查评估技能，包括服务对象识别、建立专业关系、信息资料收集、入户调查探访、倾听会谈技术、服务需求评估、评估报告撰写七项。

　　方案设计技能，包括个案服务方案设计、小组服务方案设计、社区活动服务方案设计、公益项目服务方案设计、村（居）站点建设服务方案设计五项。

　　服务提供技能，优先需要掌握的服务技能包括心理疏导、矛盾调处、

---

　　① 关信平．当前我国专业社会工作的内在能力建设及其对社会工作教育的要求［J］．社会建设，2017，4（4）：14.

危机干预、资源链接、志愿者组织动员、个案工作、小组工作、社区工作、政策应用九项。

成效总结技能，包括成效评价认知、社工自我成长、服务对象改变、成果总结宣讲、典型案例撰写、期刊文稿写作六项。

三、需要优先掌握的六项知识技能

调研显示，上岗初期最需要优先掌握政策运用、关系建立、入户核查、走访探视、资源动员及总结汇报六项知识技能。

政策运用即需要尽快熟悉掌握民政对象服务及民政业务开展常用的政策，在救助帮扶时有政策依据，将政策作用充分发挥，使政策和服务能够有效通达群众身边。

关系建立方面，乡镇社工需要具备与居民群众、党政干部、社会组织等多方建立关系的能力。

入户核查是乡镇社工最常开展的典型工作任务，在协助民政部门受理救助申请及信息核对时，需要能够依据政策核查申请信息的真实性，全面充分了解服务对象的困难和诉求，以形成核查结论和报告，供相关政策落实参考。

特殊困难群体的困境往往非短期能够得到改善，部分情况还伴随着一定的风险危机，乡镇社工需要通过多次走访探视建立信任关系，疏导心理情绪，传递情感关怀，与服务对象同行，共同面对困境。

积极开展资源动员，使环境系统中的正式资源和非正式资源发挥作用，帮助服务对象改善困境。

总结汇报则是需要及时准确地向相关方宣传和报告服务对象需求及服务开展情况，争取党政领导和社会各界充分了解及支持社会工作，为服务开展创造良好的支持环境。

乡镇社工继续教育

理论与实践、教育与实务相脱节是我国社会工作教育目前所面临的主要挑战之一，这在某种程度上导致了科班社会工作者难以运用所学的专业理论知识，工作成就感低，离职率高，而实际从业人员又没有专业背景。社工站本土社工大多是非科班出身的从业人员，其专业能力和服务水平需持续提高。为克服这一困境，社工站建设中应积极组建学习型团队，应该推行"做中学、学中做""实践出真知""实践与理论相结合"的成人继续教育模式，促使学过专业和没学过专业的社会工作者都归零起步，鼓励他们向社区民众的日常生活学习，向实践学习，在实践与理论相结合的对话中学习，从而培养出肯做、愿学、会写、能讲的本土化专业社会工作人才队伍，保障兜底民生服务和社区治理服务的专业性。

来源：张和清，廖其能.乡镇（街道）社工站建设的核心议题［J］.中国社会工作，2021（31）：26.

第二节　用好"服务学习"的方式方法

"社工有任务指标，懂不懂你都得想办法先做起来。"县域范围通常比较广，一个区县可能有十几个甚至几十个街镇，一方面需要全面推进工作，另一方面需要尽快培养人才。本节探讨如何运用"服务学习"的方式方法，在真实服务过程中培养社工站人才。

一、服务学习的理念方法

"服务学习"是"服务"与"学习"的相互结合，也就是在"服务"过程中获得"学习"的效果。"服务学习"是一种重视学习因素的服务，将服务和学习相结合，通过计划性的服务活动与结构化的反思过程，以满足被服务者的需求，并促进服务者的发展需要。这种需要包括知识、技能的获得及能力的提升，使其成长为一个富有社会责任感并有能力服务于社会的人。

"服务学习"的理念在社会工作人才培养中得到广泛应用。传统的教育是以老师为中心，强调传道授业，而服务学习则强调以学生体验为中心，在真实的服务环境中学习，同时实现服务和学习的双重目标。只有从实践需要出发，进行研究和学习，才能使社工获得更多与实践高度相关的知识并有效运用。根据实际工作需要，请老师有针对性地讲授知识和推荐学习资料，社工结合工作任务进行应用练习，站长和督导跟进现场指导，最终看到运用所学解决问题的可能和专业服务的成效。

二、分片区分步骤，在地培养骨干人才

如何有效率、有步骤地培养骨干人才，是社工站普遍面临的情况。实践显示，机构跨地区外派经验丰富的总站站长或专业督导，是培养骨干人才的可行办法。一般外派时间最多半年到一年，很难常驻异地。而一个县的乡镇社工可能在十几人到几十人以上，总站站长或督导很难同时培养十多名骨干。这就需要异地派驻的总站站长或督导能够在半年到一年时间内，有选择、有步骤地培养出本地骨干。

湖南省冷水江市社工站基于服务学习理念，采用"分片管理—组长赋能—朋辈督导"的策略培养骨干人才。冷水江市社工总站将位置相近的几个分站划分为片区，每个片区原则上由 5 个乡镇分站组成，选拔 1 名片区组长，赋权片区组长进行片区日常运营管理，扁平化、在地化的管理方式更能及时、准确掌握各站点情况。总站站长和督导从厘清权责、掌握技能、提升效能三方面赋能本地骨干。通过个别督导和团体督导的方式，结合实际工作需要，从档案、传播、方案设计、个案工作、小组工作、活动组织、人员评价等方面培养骨干，要求有难度的工作、专业的服务由组长带头做，督导在现场观察和指导。大约半年到一年时间，本地站长和组长等几名骨干即可具备全面胜任工作的能力，进而促成了一个局面——"异

地外派的负责人可以在半年到一年时间脱身出来，考虑更多社工站持续发展与品质提升的工作。本地站长和组长，可以通过朋辈的方式带领和培养所在片区分站的骨干。人培养起来了，社工站的作用就能更好发挥了。"

三、学了马上练，快速掌握专业技能

先上岗再培养，即在岗培养，这或许是乡镇社工和在校学生最大的不同。社工在岗首先要做事，做什么学什么，而学生在校首先要上课，教什么学什么，其培养环境和培养方式有很大不同。乡镇社工站主要设在乡镇和村庄，地点远离城区且均衡分散分布，难以集中培训培养。"我们社工一年可能才有一次省里组织的集中培训机会，三天课程涉及五六个主题，老师给几百人的大班讲课，只能讲知识和案例，没法做训练。社工主要感受一下氛围，了解些概念知识。"乡镇社工的职业特征和基础条件，决定了在地培养、在职培养成为必然选择，需要探索适合乡镇社工的培养方式。

"书到用时方恨少，最有效的培养方式就是做中学"，这是湖南省汉寿、江永、城步、古丈、攸县等地社工站实践的共识。"实际工作做什么，就请老师讲什么，再要社工练什么，这样做中学，掌握快效果好"。多地社工站经验显示，个别督导、团体督导和朋辈督导等多种方式相结合，对社工成长很有效。"知识方面可以请专家讲课，要基于社工的基础发掘现有工作的社工元素，讲完后一定要有站长或督导督促和带领大家做。学了马上练，同一时间只练习一两个重点内容。边练习边个别督导，再组织阶段性学习练习经验总结，进行团体督导和朋辈督导，及时巩固学习效果，社工成长很快。"

第三节　学习型团队建设及激励保障措施

社工站人才培养不可能一蹴而就，需要建设学习型团队，结合社工站人才职业特征和工作场景，有节奏、有步骤地持续培养，并不断加强激励

保障措施，提升社工站人才的职业信心和动力。

一、社工站学习型团队建设

学习型团队是一种致力于把学习与工作系统地、持续地结合起来，以支持个人、工作团队以及整个组织系统共同发展的理念。乡镇社工主要来自本地青年，热爱家乡，乐于助人，比较稳定，很在意职业发展机会和空间。绝大多数乡镇社工在入职前，没有接触过社会工作教育或服务，有社会工作专业资质人员不足 20%。其人才来源和队伍结构，完全不同于城区社工。学习型团队就是把人作为团队的重要核心，为人的发展和学习创造条件。通过学习达到一种理想的境界，从少数人学到所有人学，从被动学到主动学，从"学会"到"会学"。

受到服务基础、保障条件、认知观念、经验技能、时间周期等多方面因素影响，初期阶段社工站和社工很难显现出专业成效，更多从事行政事务工作，时常伴随着各种无力感。增能理论认为，无力感是由于环境的排挤和压迫而产生，造成无力感的三个根源是：自我负向评价，与外在环境互动过程中形成的负面经验，宏观环境的障碍使其难以有效行动。增能理论启示我们，在学习型团队建设中，可以从多维度给社工提供支持和探讨，使其对职业能力和职业环境有更全面完整的认知，避免将工作困境单一或过度归因于自身技能不足而强化自我负面评价。

社会工作的专业性一定是通过服务实践和服务效果来呈现的，之所以强调专业身份和专业认同，是希望社工在对专业身份和专业知识内化的同时，对外呈现出专业自信的形象。组建学习型团队，很有必要塑造社工职业形象和职业愿景，努力把社工塑造成时刻心系群众安危、关心群众疾苦、充满社会责任的热心青年。通过学习型团队建设，增加外出学习和在线学习机会，不断开阔认知视野，发挥在地优势和特点，提升职业信心和动力。

二、社工成长评价和激励保障

成长评价和激励保障是学习型团队建设的重要部分。在湖南省，慈利县、鹤城区、江永县、冷水江市、攸县等社工站做了卓有成效的探索，很好地激发了社工内生动力，促进了社工人才更好地发挥专业作用。

在评价目的方面，以评估促建设、促成长、激发动力活力是共同的目标导向。如攸县社工站绩效考核制度的考核目的明确为："通过客观评价每位员工的工作绩效，促使员工及时发现和总结自身的不足，激发工作的热情，进而提高工作效率和动力。中心通过对员工进行绩效考核，达到奖励先进、激励上进、激发活力的目的。"

评价内容通常包括工作绩效、工作能力、工作态度、特殊贡献奖励四部分。其中工作绩效通常包括协助民政业务和开展社工服务，工作能力包括事务能力、专业能力和学习能力等，工作态度包括积极性、协作性、责任心、纪律性、全局观等，特殊贡献奖励包括开展行动研究、危机干预、创新示范、重大事件上发挥重要作用等，超越常规工作之外，如完成高质量调查研究报告，在期刊和媒体上公开发表案例、论文、新闻稿，在重大事件上为机构、项目或服务对象避免重大损失、安全事故等。

评价主体通常包括机构内部评价、外部评价、自我评价。评价周期通常分为月度评价、季度评价、年度评价，以月度评价为基础进行积分累计，使得评价结果可以快速转化为工作指引。

评价结果使用方面，作为绩效发放、薪资增长、职级晋升、职务聘任的依据，同时建立考核申诉制度。如江永县社工站月度绩效额度为700元，专业技术职称激励初级、中级、高级分别为300元/月、600元/月、1000元/月，在激发社工内生动力及自我提升方面发挥了积极作用。冷水江市社工站在经验交流中特别强调："一定是考核与激励并重，不能只考核不激励，不能只考核不改进，避免制度形同虚设。""上个月出现的问题，这个月重复出现就不行。这样一个月一个月、一次一次的评价和激励，紧扣着一个一个具体问题逐步去解决，就形成了我们的考核与激励机制，社工慢慢做到了，就形成了专业的规范和自信。"

三、有节奏、有步骤地培养社工人才

社会工作知识技能培养不可能一蹴而就，要结合社工站人才自身的特

征和规律，有节奏、有步骤地持续培养。在校学生的培养往往是从社会学、社会工作概论等基础知识开始，然后到个案、小组、社区、行政等方法技能课程，再到社会工作政策、社会工作实务等应用课程，最后在毕业实践教学中集中应用所学，经常会面临所学与应用场景的脱节、外来者在短时间内难以建立信任关系、难以融入社区及动员在地资源开展服务等问题。而乡镇社工则恰恰相反，其最大的优势是在地优势和经验优势，熟悉本地风土人情，与社区（乡村）有着天然的融合性，有助于较快建立信任关系和动员在地资源网络发挥作用；乡镇社工常驻乡村基层，就在服务现场，经常需要运用政策开展救助帮扶，能够打通兜底民生保障政策实践的"最后一米"；在此基础上边工作边学习必要的方法技能，能够逐步理解基础知识理论。因此，"充分发挥在地优势、优先掌握政策应用、逐步锻炼方法技能、慢慢领会知识理论"是更适合乡镇社工的培养方式，有助于更好地提升其从业信心和动力，增强自我效能感。在机构制度层面，社工成长评价和激励制度对于激发社工内生动力、引导其专业成长非常重要。在区域政策层面，需要加快完善督导体系和培训体系建设，尤其是要加快培养本地督导人才，以朋辈督导的方式促进乡镇社工在地成长。

社工站建设及人才培养的最终目的，都要落到人民的获得感上来。正如习近平总书记指出："检验我们一切工作的成效，最终都要看人民是否真正得到了实惠，人民生活是否真正得到了改善，人民权益是否真正得到了保障。"[1] 社工站全覆盖，社工人才全面扎根基层，使得基层民政力量不足的短板得到加强，专业社会工作介入的空间得到拓展，落地乡镇的社会工作机构获得培育，扎根本土的社工人才逐渐成长，为把服务群众的事做细做实创造了条件。建设一批训练有素又具备地方性知识、熟悉民政服务又能扎根基层的社工站人才队伍，探索行政性社会工作与专业社会工作互为主体、优势互补的融合性发展，这些都离不开社工站实践的环境，也需要更长时间，更多的耐心、包容、勇气和智慧。

---

① 习近平.习近平谈治国理政：第一卷［M］.2版.北京：外文出版社，2018：28.

第 3 章

理解我们的从业环境

　　人在情境中是社会工作基本的理论视角，其基本观点为：人是环境塑造的结果，要改变人就要改变环境。充分了解乡镇社工站工作场域，理解并创造支持性的从业环境，对社工站人才培养及作用发挥至关重要。本章将介绍乡镇社工的从业环境、与社工一起工作的协同力量及需要掌握的职场通用技能。

第一节　立足乡镇、扎根基层

　　社工站普遍建在乡镇（街道）层级，办公地点通常设立在乡镇民政所或政府提供的合适场地，服务覆盖乡镇（街道）区域范围，服务通过村社工室、儿童之家、老年照护中心等第二阵地延伸到村庄（社区）。乡镇社工作为常驻本地的社工人才，需要充分认识了解所处的工作环境场域。

一、办公服务环境

（一）办公环境

　　社工站通常有三种办公环境：一是社工在政务大厅办公，负责民政窗口，直接接待来访群众；二是社工与民政办（所）联合办公，协助民政办（所）处理某一项或多项工作，如民政服务对象数据的收集、服务数据录入、救助对象数据核查和更新等；三是社工在乡镇（街道）或村（社区）拥有独立的办公场地，日常工作有更大的自主空间，服务以推动社会工作专业为主。

（二）服务环境

　　乡镇（街道）由数个村（社区）组成，乡镇（街道）办公室功能设置主要是行政审批窗口和办公室。在空间设置方面，用于服务活动的空间相对较少，而社工站的社工主要服务对象分布在各村（居），开展各类服务活动都需要相对稳定开放的服务阵地。社工服务不能局限在办公场所，而是需要经常主动入户到服务对象家庭及服务对象常去的村（居）公共服务空间，社工需要充分熟悉家庭服务环境及儿童之家、老年照护中心、中小学校、乡镇敬老院等不同服务对象常去的本地服务资源聚集的相应服务场所。

二、法规政策环境

（一）乡村振兴促进法

《中华人民共和国乡村振兴促进法》明确了乡村振兴包括的 5 个方面的振兴：产业振兴、人才振兴、文化振兴、生态振兴、组织振兴，需要凝聚各方面力量合力推进。2022 年 5 月，国家乡村振兴局、民政部联合发布《关于动员引导社会组织参与乡村振兴工作的通知》（国乡振发〔2022〕5号），并印发《社会组织助力乡村振兴专项行动方案》，为社工站参与乡村振兴提供了明确指引：一是要引导各级各类社会组织在巩固拓展脱贫攻坚成果上发挥好作用，多作出贡献；二是要引导各级各类社会组织依托自身优势，按照"产业兴旺、生态宜居、乡风文明、治理有效、生活富裕"总要求，发挥好作用、多作出贡献。

（二）社工站建设政策

2021 年 4 月 20 日，民政部办公厅印发《关于加快乡镇（街道）社工站建设的通知》，明确推进步骤：建设条件好的地方，2023 年年底前完成建设任务；建设条件不完备的地方，2025 年年底前完成建设任务。2021 年5 月 24 日，民政部、国家发展和改革委员会联合发布《"十四五"民政事业发展规划》，提出"完善现代社会工作制度"，"构建社会工作服务体系。健全党委领导、政府负责、群团助推、社会协同、公众参与的社会工作推进机制。建立村（社区）—街道（乡镇）—区（县）三级社会工作服务体系，按照'有场地、有设备、有人员、有服务功能、有工作流程、有规章制度'的标准，加快推进乡镇（街道）社工站建设。推动乡镇（街道）

社工站在困难群众帮扶、老年人服务、困境儿童关爱保护、社会支持网络构建、社区参与能力提升、社会工作机构与志愿服务组织培育等方面发挥作用，成为基层治理与服务的重要力量"。这些政策的发布为乡镇社工站建设及社工站人才培养创造了良好的政策环境。

三、社会文化环境

（一）社区文化资产和在地服务系统

社区文化资产与服务系统包括但不限于公共图书馆、乡镇（村）卫生院、乡镇敬老院、学校、新时代文明站、儿童之家、老年照护中心、村祠堂，历史文化资源也常与本地自然资源、物质条件、民俗风情紧密关联并相互影响，社工需要关注了解本地的文化资产及服务系统，结合开展服务。

（二）利益相关方及公益慈善力量

社工可以通过观察法、访谈法、问卷法等方式对辖区社工站利益相关方进行分析，关注并筛选出辖区内关心、支持社工站建设的人员和组织。单位利益相关方包括民政、教育、残联、团委、妇联、司法、公安等在地政府部门及群团组织，辖区志愿者组织、社区社会组织，以及银行、学校、医院、福利院、敬老院等社会公共服务机构。个人利益相关方需要重点拜访了解党员、村干部、村（社区）民警、中小学校长和老师、非遗文化传承人、致富带头人、乡贤能人、志愿服务队队长、楼栋长、广场舞活跃成员等代表人物的想法，发掘潜在资源与合作方。基于此，将居民群众反映的需求、问题与相关单位服务规划等相结合，联动多方力量开展服务探索。

第二节　工作中的在地协同力量

社工站是服务项目，更是服务平台。儿童、老人、残疾人、社会救助等服务开展，需要与现有服务系统和服务组织充分协作，尊重现有组织基础、历史文化与实践智慧。社工站及社工人才队伍建设不能就事论事，需要放在党和政府关于民政工作和社会工作的规划部署中考虑，放在坚持以人民为中心的发展大局和新时代民政事业改革的系统中探讨，结合具体的在地服务基础，与现有服务系统和服务力量充分结合，协同开展服务。

一、在地协同力量

社工站的功能通常包括两部分：一是补充基层民政力量的平台，协助社会事务办完成上门探访、信息整理、政策宣传等事务性工作，提升民政工作精准化、专业化水平；二是为群众提供社会工作服务的平台，采用个案、小组、社区等方法，针对重点民政服务对象链接社会资源、建立关爱体系，提升民政工作人本化、社会化水平。基于此功能设置，与社工站一起工作的协同力量通常包括：

（一）省级民政部门

做好规划部署，出台整体实施方案和配套工作方案、管理办法和服务标准。以湖南省为例，首先，出台了《湖南省乡镇（街道）社会工作服务站项目实施方案（试行）》（湘民发〔2018〕16 号）、《湖南省基层社会工作服务站项目三年行动方案（2021—2023 年）》（湘民发〔2021〕26 号）等政策规划，解决了资金来源——主体是社会救助资金；明确了实现路径——政府购买社工机构服务；明确了工作目标及省市区民政部门、承接机构、镇街的职责。其次，制定了四个规范标准：《湖南省乡镇（街道）社工站视觉化设计指引手册》《湖南省乡镇（街道）社工站项目服务内容参考（暂行）》《湖南省社工站督导支持、专业服务及行政工作套表》《湖南省乡镇（街道）社工站项目评估办法》。最后，启动了 4 个支持系统：业务培训、督导服务、绩效评估、专家联系点制度。

（二）县（市、区）民政部门

负责组织实施。一是落实工作经费，制订工作计划，统筹实施；二是协调落实工作场地、添置必要办公设备；三是确定工作任务指标，组织招投标，与中标机构签署协议；四是指导监督承接机构招聘社工及开展服务；五是服务监管、资金监管。

（三）乡镇（街道）

作为项目服务直接的受益单位，不仅要做好支持者，还要做好管理者、引导者，包括社工日常管理、活动支持、业务指导等。

（四）村支"两委"

相对较熟悉辖区的地域和人员情况，可以协助开展如下事项：一是提出服务需求；二是配合和协助社工开展需求调查；三是配合和协助社工开展活动；四是协调人员、场地和资源开展服务。

（五）承接机构

做好站点建设、项目执行及人员管理。负责社工站运营：招社工、定岗位、建制度、做调研、定计划、抓服务、管档案、展成效；建设服务站点，组织社工开展服务、财务管理、定期汇报。

（六）驻站社工

做好服务提供者。包括入户走访、需求调研、制订计划、提供服务、管理档案等。特别提醒社工明确知悉其角色职责边界：社工提供的是事务性（协助民政）和服务性（社工专业）工作，不具有行政审批权，不具备审核签字权。严禁社工站人员代替民政干部行使许可、确认、审批、给付等行政职能。

（七）其他单位

社会工作服务对象多样，需求多元，服务提供中涉及民政、司法、教育、科技、环保、工会、团委、妇联、残联等政府部门和群团组织及在地的学校、医院、文化站、志愿服务队和各类公益慈善力量。服务中，需要跨部门、跨专业、跨领域协同开展工作。

拓展阅读 ......

鼓励因地制宜　充分激发活力

基层民政工作由县级民政部门直接指导，由乡镇（街道）民政站办所和社工站具体承担，县级民政部门在乡镇（街道）社工站项目中处于关键一环，既要通过体制机制指导、规范其工作，又要充分调动其工作积极性和能动性。为此，在顶层设计时将项目资金分配和人员使用的权利都落在县级民政部门，与之相对应，资金监管和人事规范的责任也在县级民政部门。省民政厅根据各县（市、区）项目成效和资金实际情况配套补充性奖补资金，省市两级民政部门对县级民政部门进行指导和考核，主要在程序合法性、财务规范性和项目进度上进行监管。县（市、区）民政部门通过政府采购确定项目承接机构，根据工作实际确定服务内容、服务形式和服务指标，根据工作需求分配、调度和使用社工，充分激发县（市、区）民政局工作活力。

来源：周金玲. 乡镇（街道）社工站建设湖南模式探析［J］. 中国社会工作，2021（7）：43-45.

二、专业服务协同内容

（一）社会救助领域的社会工作服务

主要指协助做好最低生活保障、特困人员救助供养、医疗救助、临时救助经办中的对象排查、家计调查、政策宣传、绩效评价等工作，对社会救助对象开展照料护理、康复训练、社会融合、能力提升、资源链接等服务。

（二）儿童关爱保护领域的社会工作服务

主要指进行困境儿童、农村留守儿童家庭随访和对象核查，对困境儿童家庭开展危机介入、安全教育与社会保护、心理健康教育与社会融合、隔代教育与社会支持。

（三）老年人领域的社会工作服务

服务内容包括对特困供养老年人（含机构供养和分散供养）、建档立卡贫困老人、高龄老人、残疾老人、留守老人等老年群体开展健康服务、精神慰藉、危机干预、社会支持网络建设、社区参与、权益保障等服务。

（四）城乡社区建设/社区治理领域的社会工作服务

服务内容包括提高居民协商议事能力，开展矛盾调处服务，活化公共服务空间，培养志愿服务居民骨干，培育社区公益组织，发展公益慈善力量，建立基层"五社联动"机制。

（五）社会工作人才队伍建设

一是社工本土人才培养；二是本土社工机构培育；三是行业平台搭建；四是总结本土经验模式。

三、民政业务协同领域

（一）社会救助领域

协助基层民政部门开展社会救助领域服务，开展数据核查，精准识别对象，有序动态管理，常态监督检查。在完成核查工作的同时，也准确评估掌握低保对象生活现状和多元需求，按照社工个案服务指南建立服务对象档案，为个案救助服务持续开展及多元需求满足奠定坚实基础，促进服务性救助落到实处。

（二）养老服务领域

协助民政部门进行乡镇敬老院监督管理考核，提升乡镇敬老院管理服务水平。链接社区养老服务设施、乡镇敬老院、医疗卫生服务机构及公益慈善组织资源，开展为老助老服务，改善养老服务资源不足的状况，提高养老服务质量。

（三）妇女儿童福利领域

对孤儿、残疾儿童、事实无人抚养儿童、农村留守儿童等困境儿童进行走访核查，开展政策宣传、法治宣传、监护评估、安全和心理健康教育、隔代教育能力建设等服务，协助解决监护管理、权益维护、心理健康等方面的问题。协助做好留守妇女关爱工作。

（四）社区治理领域

协助推进"五社联动"，孵化培育社区社会组织，培育发展志愿服务队伍及社区居民骨干。借助现有资源和条件完善社区治理服务机制，提升居民社区参与和协商议事能力，解决群众关心的社区公共问题。

（五）社会事务领域

协助宣传婚姻政策法规、婚俗改革、新时代婚姻家庭文化建设，开展婚前辅导、婚姻家庭咨询和辅导等服务。宣传殡葬政策法规，引导文明节俭办丧事，提供丧葬需求咨询服务。对残疾人开展家庭排查、需求评估、心理辅导、能力提升、资源链接等服务，提供精神障碍社区康复服务。为生活无着的流浪乞讨人员特别是返乡和易走失人员提供心理疏导、教育矫治等服务。

拓展阅读 ···

对社会工作有了全新的认识

　　社工站对于乡镇来说是一个新事物，我虽然分管民政工作多年，在社工站建立之前，对于社会工作的性质、服务内容了解不是很全面，但社工站运营一段时间后，我对社会工作有了一个全新的认识。

　　以前镇里的民政工作主要是按照职责要求落实好上级的任务，工作中管理多、服务少，社工站的建立有效弥补了传统民政工作的不足，主要表现在如下几个方面：

　　在社会救助领域，社会工作者协助民政干部做好最低生活保障、特困人员救助供养、医疗救助、临时救助对象的排查、入户调查、政策宣传等工作，社会工作者有更多的专业方法，他们能更多地关注服务对象的感受。在农村留守儿童关爱保护领域，社会工作者开展农村留守儿童的家庭随访，对农村留守儿童家庭开展政策法律宣传、隔代教育能力服务等。他们还发展壮大志愿者队伍，支持和培育志愿服务组织等公益性机构。截至目前，全镇共成立志愿者队伍27支，发展志愿者2000余人。

　　乡镇社工站的建立，让民政工作更加精准、更有温度，能不断提升居民的参与感、幸福感和归属感。

　　来源：徐蕴. 他们眼中的乡镇社工站 [J]. 中国社会工作, 2019 (25)：19-21.

第三节　快速提升职场通用技能

职场中的通用技能是软技能，它与专业技能一起，构成了任职资格中最核心的两种能力体系。如果我们用冰山模型来解析整个员工的能力素质，那么知识、经验等处在冰山上层的、可被直接感知和量化的部分就是专业技能，而冰层下部比如领导力、创造力、抗压力等大部分能力素质就是职场通用能力。不同单位不同岗位会结合实际需要选择不同的通用能力。

一、完整的人格

（一）独立自主

独立自主绝不是指把自己封闭起来，或形成自己的小圈子，而是指具备独立的人格，能够有自己的见解和主张，能够独立承担和完成任务。职场中有的人往往出于某种考虑和担忧，人云亦云，随大溜，缺少思想独立性、行动自主性，形成人格依赖。具备完整人格的人能够从一个新的视角提出新的问题解决方案，提高工作效率。

（二）专注精力

在职场中专注力很重要。有良好专注力的职场人一定是懂得管理时间的人，一定的时间做好一件事情，集中时间和精力办主要的事情，专注攻坚克难。三心二意，左顾右盼，看似什么都在做，但什么都做不好。一项复杂工作最快的解决方法，就是专注于工作本身并寻找不同思路，否则效率和效能都得不到保障。

（三）感恩之心

职场中感恩的重要性似乎为很多职场人所忽视。有的人认为，职场是一个尔虞我诈的地方，重利益，轻感情；认为上班就是完成任务领取薪水。然而，任何人在职场，如果不懂得感恩，不懂得为人处世，都会举步维艰。特别是作为社会服务机构的社工从业者，服务对象多是特殊的家庭和特殊的群体，没有感恩的心，没有一份爱心，不可能做好服务，也很难让服务对象满意。感恩既是一种品德，更是一种人格魅力。

二、综合的能力

（一）人际交往能力

人际交往能力在职场中是一项非常重要的技能。随着进入职场的时间越来越长，接触到的团队和个人越来越多，你就会觉得，沟通能力是最重要的且必需的能力，特别是有效沟通能力。沟通的目的是交流信息、表达情感、控制团队人员工作行为、提高绩效。沟通原则包括信任、尊重、主动、兴趣等。

（二）时间管理能力

在职场中，特别是工作场域为乡镇（街道）的社工，每天需要面对不同的群体，协调不同的人事，必须提高时间管理能力，对事情进行优先排序。

（三）学习能力

学习能力是员工加薪升职的关键因素。一是在工作中学习，从工作中遇到的困难和问题出发，寻求解决办法。二是在生活中学习，提升自我修为，适应社会生活环境，培养兴趣爱好。

拓展阅读 ....

如何快速有效培养自己的学习能力

1. 明确自己的需求，建立知识框架

学习一定要有目的。一定要明白自己需要学些什么？不能随大溜，要学习适合自己、对自己有用的知识，不要看别人学什么自己就学什么。围绕技能、思维这两个方面建立自己的知识框架。

2. 学会思考

"学而不思则罔，思而不学则殆。"只学习不思考等于没学。学生时代应该都看到过这样的现象，同一个班级，努力学习的同学成绩还不如那些看似不努力的同学，为什么？因为他们缺乏思考。有思考，才能提升自己的学习能力，否则再努力也是做无用功。

3. 管理时间

每天在有限的工作时间里想提升能力有点难，要想精进必须要靠业余时间。在完整的时间里去做系统的事情，在碎片化的时间去学自己喜欢感兴趣的东西，增加技能。为什么有部分人在工作了很多年以后，依然原地踏步？有句话非常适合在这里和大家共勉：一年的工作经验重复了 10 年，而不是真正的有 10 年工作经验。

（四）解决问题能力

有能力的人善于发现问题和解决问题。很多单位都有合理化建议的渠道，有意思的是很多人都会发现单位的各种弊端，却缺少解决问题的思路和方法，我们讲某某的建议有道理但缺少建设性就是这个意思。所以，很多单位会要求你在提出问题的同时，也要你提出解决问题的办法和建议。

（五）领导力

领导力不仅直接影响着管理人员的管理幅度，也直接影响着团队合作。在一个单位中，高层领导的领导力越强，单位的向心力越高，业绩表现也就越好。我们既要有想当领导者的追求，更要具备领导的能力和素质。

（六）执行力

强大的执行力源自内心的责任。执行力强的人不会在执行的过程中找借口、谈条件，让外部因素影响自己，而会尽可能高效率、高质量地完成自己的任务。执行力靠的是行动和坚持，要经得住时间的考验。这里分享三个经验供大家参考：一是要快，高效完成目标；二是要优，在解决问题的时候最大化利用资源，找到问题的最优解；三是要高，不但要完成任务，而且要高质量、高水平地完成任务。

（七）创造力

创新的目的是更好地创造价值。创造力是一个单位生存与发展的核心要素。创造力不是突发奇想，而是对过往的经验、同行的做法、存在的问题有系统清晰的了解，经过长期的酝酿、系统的思考，加上特定的机遇和启发，将多种有利于问题解决的要素进行恰当组合，以利于获得创新和突破。好的创造力不仅能够给单位带来活力，同时也能够给员工带来新的感受和收获。

（八）责任心

责任意味着担当，责任心是一种百折不挠的精神，既体现在勇于挑重担，也体现在敢于负责任。当单位需要你，给你一个任务或安排一个项目让你在规定时间内完成时，你就应该勇于接受挑战并努力完成任务。如果觉得自己不能胜任，一开始就要提出担忧和顾虑或者需要的协助和支持，以便管理者知道如何支持你，或者寻找其他合适人选。执行过程中如果遇到不能解决的问题和困难，应该第一时间向管理者报告，寻求支持；如果漏报、瞒报，甚至半途而废，就是对单位不负责任，对自己不负责任，损害的是集体的利益。如果情节严重，还可能承担法律后果。

（九）计划能力

项目管理要求社工做各种各样的计划，如年度计划、季度计划、月度计划、每周计划、每日计划等。制订计划可以明确目标和工作方向、安排和协调人力资源，更能够充分利用资源、增强团队的工作效能、降低可能遇到的不确定性。而有的人却不愿意制订计划，可能是觉得计划过程过于复杂、缺乏灵活性、浪费时间和精力等。那么计划能力到底是什么样的一个能力呢？首先要充分做好思想上的准备，知道即将干什么；然后就是要做好行动上的准备，知道怎么干。

计划制订需要考虑的七个因素

一是目标定位：要达到什么样的效果。二是任务分解：明确做哪些工作。三是人力配置：谁来做。四是议程安排：确定进展顺序。五是组织保障：指挥与协调。六是风险防控：不确定因素及预案。七是动态更新：随变化对计划进行微调。计划越早制订，考虑越周全，计划实施的准确性就越高。

（十）总结能力

善于做事，还要善于总结。总结的目的是提升，提升是为了更好地做事。对于理论知识，要多实践，有意识地去寻找机会锻炼，在锻炼中摸索和巩固知识，总结和提炼方法。每次工作阶段目标完成后，都要进行总结，总结每项工作的得失、经验教训和方法，不断增加自己在这个领域内的经验值，才会获得快速有效的成长。

社工需具备的行政能力

社会工作行政在社会工作服务中有着很重要的地位，是社会工作主要的间接服务手段，在常见的社会工作服务中也往往把社会工作行政作为切入点，应用实践范围非常广泛。

探索和计划的能力。社工依托现有的行政资源及其影响力，思考区域内未来社会工作发展的需求和方向，围绕服务范围内服务对象的实际，形成较完整的服务计划。

预测和评估的能力。社工要在现实操作中阶段性地评估特定假设的可行性，并预测评估计划方案可能带来的影响，做到提前谋划细节，事先预测效果，结合行政资源可能带来的溢出反应，做好有效的预防。

决策和控制的能力。社工要考虑可供选择的行动方案，安排优先考虑的事项，并作出决策，合理地分配团队成员所承担的角色和任务，建设性地运用职权控制服务过程。

来源：崔德鸿. 社会工作者的行政能力思考［J］. 中国社会工作. 2013（27）：5.

三、积极的心理

（一）包容

人们常说，海纳百川，有容乃大。包容是一种大度，是一种善良；是一种理解，是一种智慧。在包容的背后，蕴含的是爱心和坚强，是博大的胸怀。养成包容的习惯不仅可以化解危机，而且在化解危机的同时也会交到很多的朋友。用包容的态度工作生活，你爱他人，他人爱你；你热爱生活，生活也会热爱你。

（二）自信心

古话说"知人者智，自知者明"。不明，何以能智？看不清楚、看不真切，何以能想得明白、想得透彻？所以，自信者首先当是自知者——冷静地看清自己的能力，公平地评判自己的水平，包括自我之所长、自我之所短，然后相信自己能扬长避短、取长补短。职场中，要建立自信心，一方面要基于自己的专业技术能力和解决问题的能力；另一方面是自己在团队中的表现具有说服力。

（三）情绪管理

做好情绪管理在职场中是一种必要的职业素养，也是一种高情商的表现。尤其是在面对一些复杂情况处理时及不被理解或支持时，要注意做好情绪管理，避免意气用事。

（四）挫折抵抗能力

只要身处职场，就一定会遇到各种各样的压力与挫折。不管是面对繁重的工作任务、业绩压力，还是面对复杂的人际关系，只有拥有良好的心理承受能力，才能坦然地接受、积极地应对。抗压能力强的人，往往能够同时应对来自多方面的压力，能够游刃有余地处理和消化这些压力。

（五）同理心

同理心就是能够设身处地站在他人视角去思考、理解他人做法的内在心理。同理心在职场真的很重要，也被不同的测评机构纳入职场情商测评的重要技能之一。拥有同理心的人更容易理解、包容、支持他人，更容易同情、悲悯他人的不幸。没有同理心的人往往会被认为是情商太低，因为他们不考虑他人感受，所以往往会在不经意间就伤害到他人，人际关系也更容易恶化。

四、专业的水平

在职场中，无论是职场新人还是资深员工，也不管是普通职员还是管理人员，都需要注重自己的专业化水平。专业化水平，是我们在职场的立足之本。我们只有专注自己的领域，做到更加专业化，才能真正体现自己的价值，获得更多的成长和机会。那么，我们怎样做，才能够有效提升自己在职场的专业水平？这是每一个职场人士都要思考的问题。

什么是专业水平？专业水平包含 5 个方面的内容：专业知识、专业思维、专业方法、专业能力、专业精神。这 5 个方面是相辅相成、互相促进的一个有机整体。其中，专业知识是专业水平的基础，是培养专业思维、运用专业方法、提高专业能力的前提；专业思维和专业方法是专业水平的关键，决定着专业知识的运用效果和专业能力的充分发挥；专业能力是专业水平的核心，是专业知识、专业思维和专业方法的集中体现；专业精神是专业水平的灵魂，也是专业化水平持续提升的原动力。

如何提升专业水平？职场人士的专业水平并不是天生拥有的，都是通过后天的学习来提升的，职场本领也是在实践中不断总结、反思、纠正的结果，需要不懈努力和时间积累。

（一）构建专业知识体系

提升专业水平要有扎实的专业理论知识基础，每一个领域、每个岗位都有自己的专业知识体系，有的可能已经存在，有的可能需要自行总结。

专业知识体系又是动态发展的，需要不断进行更新，要提升专业水平，就要认真专注地学习和更新专业知识，不断提高自己的专业素养。

（二）建立独立判断思维

思想是行动的先导，这是专业水平的首要前提。在自己的领域里，我们要主动思考"是什么、为什么、怎么做、怎么样"，不能人云亦云，要通过自己的学习与思考，结合工作实际，运用专业知识，在实际工作中发挥自己的专业能力，努力工作，不断调整与创新，培养自己的专业精神，将自己的专业能力做极致。

（三）善于总结规律特征

对于理论知识，要多实践，有意识地去寻找机会锻炼，在锻炼中摸索和巩固知识，总结和提炼方法。不管是在哪个领域，都需要勤动手、多实践，尤其是不同的工作项目，每次处理完之后，都要进行总结，从中总结共性、个性和方法，不断增加自己在这个领域内的经验值。有些人工作的时候并不用心，每次都用一样的套路，试图用一种方法解决所有问题，这样是没办法积累起丰富经验的。认真地对待每一项工作，学会自省，认真地总结每项工作的得失、经验教训和方法，才会获得快速有效的成长。

（四）努力提升方法技能

能力是专业水平的必备素养。我们要提前规划自己提高专业能力的计划和安排，这对于职场人而言是非常有必要的，这样才可以知道自己该朝着哪一个方向努力。比如说，计划取得相关资质证书，几乎在每个领域，都有相关的资质，比如社会工作师、心理咨询师、家庭教育指导师、老年人能力评估师、营养师、育婴师、法律职业资格证、注册会计师等，可以提前规划好，通过学习、考试获得这些资质证书，既是能力的证明，也会在学习的过程中获得专业能力提升。对于职场新人而言，要提高专业能力，还需要多接触专业内的权威人士，他们具备丰富的经验和阅历，也有很多的知识和技巧，经常在一起交流与沟通，会让我们的专业能力有质的提高，帮助自己成长和进步。

（五）要努力实现自我价值

兴趣是最好的老师，我们要热爱本职工作，实现干一行爱一行、干一行精一行。如果对自己所从事的工作非常热爱，就能孜孜不倦地钻研，甚至热衷挑战，为自己树立更高的目标，全身心地投入工作，并从工作的完成中得到很大的获得感和成就感，即使遇到挫折也不会轻易放弃。

职场新人在踏入职场后，就要开始着眼于专业水平的提升，提前了解自己专业领域的情况，认真做好规划，从专业知识、专业思维、专业方法、专业能力、专业精神 5 个方面着手，努力学习、勤于实践，善于总结、善于积累，不断地提升专业水平，以获得更多的成长机会。

第4章

政策理解与应用

健全的政策制度是推进社会工作发展的基础，更是推进社工站发展的保障。2006 年以来，党中央、国务院和中央有关部门不断研究制定相关政策措施与制度保障，社会工作深入推进及社会工作专业人才队伍建设的政策环境不断优化，政策基础不断夯实。加强基层民政服务能力，是社工站建设的基本初衷。社工站人才要学习基本民政政策，了解民政业务知识，通过学政策了解各部门科室如何履行职责，遵循政策开展工作。本章将重点学习社工需要掌握的基本政策，如何学好政策用好政策的方法，同时提出政策应用的几个注意要点。

第一节　如何理解政策、学习政策

只有认识和理解政策的作用，明白乡镇社工为什么要学习领会政策，才能在日常工作中自觉学习政策。健全的政策制度，无疑是中国特色社会工作和乡镇社工站高质量发展的关键。追求社会工作高质量发展，必须正确理解现有的国家政策与社会治理制度。社会工作相关部门、服务机构、乡镇社会工作者等关键主体既要把握整体视角，了解宏观政策、专项政策、领域政策和标准规范，又要围绕政策方向推进相关事务，明确民政领域推进社会工作和乡镇社工站的重点任务。政策的具体落实，有利于民生领域社会工作更加扎实、细致、精准，有利于城乡社区治理领域社会工作率先发展。

一、如何理解政策

(一)"制度性福利"是创新基层社会治理、改善民生生活的有力保障

政策是一切工作的生命线。毛泽东同志曾在 1948 年 3 月《关于情况的通报》中指出:"政策和策略是党的生命,各级领导同志务必充分注意,万万不可粗心大意。"正确使用政策,对于最大限度地发挥政策的作用,推动一个地区经济社会发展,有效改善民生福祉,具有十分重大的意义。政策是一种特殊的资源,其作用一旦发挥出来,就会为其他一切资源的合理开发利用,为其他一切社会关系的优化组合,提供方向支持。有了政策,就可以把其他资源的开发利用统领起来,也可以广泛吸纳、调动、整合全社会各方面的力量,激发出巨大能量。政策也是一种机遇。抓住了政策这个机遇,才能抓到相关政策带来的资金、项目、市场、人才等方面的机遇;错过了政策这个机遇,就会错过一系列由政策衍生出的机遇。

2006 年以来,基层社会治理的制度面临新挑战,党中央、国务院以及民政部为优化党政部门的相关工作,完善顶层设计,出台社会工作发展统领性文件;出台专门文件,明确机构运作机制、社会力量参与、公共财政资金使用、服务机构税收优惠等政策;强化行政服务,选拔有专业背景的人士担任社会工作行政主管干部,开展社会工作政策的执行评估,扩大开发体制内岗位;优化购买服务,优化财政支持机制,鼓励社会资金投入,开展多领域政府购买服务项目,科学制定服务价格,优化招投标细节等,回应和满足不断变迁的社会需要,为创新基层社区治理在制度上提供了保障。宏观政策、专项政策和领域政策的制度框架基本确立。其中,宏观政策有《国家中长期人才发展规划纲要(2010—2020 年)》《关于加强社会工作专业人才队伍建设的意见》《社会工作专业人才队伍建设中长期规划(2011—2020 年)》等;专项政策有《社会工作者职业水平评价暂行规定》(评价方面)、《关于民政事业单位岗位设置管理的指导意见》(平台方面)、《民政部关于进一步加快推进民办社会工作服务机构发展的意见》(载体方面)、《社会工作者继续教育办法》(教育方面)、《民政部 财政部关于政府购买社会工作服务的指导意见》(经费方面)、民政部等 12 部

门《关于加强社会工作专业岗位开发与人才激励保障的意见》（激励方面）等；领域政策有《社会救助暂行办法》《关于加快推进社区社会工作服务的意见》《关于加快推进灾害社会工作服务的指导意见》《关于加快推进社会救助领域社会工作发展的意见》《关于加强青少年事务社会工作专业人才队伍建设的意见》《关于组织社会力量参与社区矫正工作的意见》《关于加强禁毒社会工作者队伍建设的意见》《关于支持社会工作专业力量参与脱贫攻坚的指导意见》《关于在农村留守儿童关爱保护中发挥社会工作专业人才作用的指导意见》《关于加强工会社会工作专业人才队伍建设的指导意见》等。

（二）社会工作是党领导下为困难群众服务的专业力量

从事社会工作，必须坚持党的领导。坚持党的领导，就一定要了解党的路线方针，了解党和政府为人民服务的法规政策。党的理论和路线方针政策，是指导一切社会活动的行动指南，是推动伟大事业发展的基本遵循。政策通常提出了满足社会需求、解决社会问题的方法举措，对政府如何投入资源解决社会问题作出了规划部署。可以说，政策是国家、政府应对社会问题，为满足人民群众需要而进行的资源配置。社会工作是在党的领导下，为困难群众服务的专业力量。社工关心服务困难群众，就一定要了解国家政策，即了解政府提出解决问题的办法，了解政策中为解决困难群众的困难问题配置了哪些正式资源。社工如果不熟悉党的理论和政策，不了解社会政策和民政政策，或者在理解上不到位，执行中就会出现偏差，还有可能"好心办坏事"。

比如为什么要建社工站，如何建社工站，《"十四五"民政事业发展规划》和《民政部办公厅关于加快乡镇（街道）社工站建设的通知》就作了明确的规划部署，提出"建立村（社区）—街道（乡镇）—区（县）三级社会工作服务体系……加快推进乡镇（街道）社工站建设"，探索解决基层民政服务能力不足的可行路径，打通服务群众"最后一米"。社工站和乡镇社工就需要学习了解这些政策，围绕"增强基层民政服务能力""加快建立健全乡镇（街道）社会工作人才制度体系"开展探索，为社工站建设和服务提供清晰的方向指引。

社工为什么要了解法规和政策

有的社工觉得不需要了解法规和政策，我们是做专业服务的，比如个案、小组这些的，离法规与政策很远。法规和政策不应该是律师要了解的吗？其实法规和政策离咱们社工也是非常近的。

为什么这么说呢，主要原因还是我们的工作性质决定的。

举几个例子：

第一个，作为社工，为患病服务对象公开募捐，希望通过公开募捐筹集医疗费。目的是好的，但是这种行为是否可行，是否涉嫌违法呢？这时候咱们社工就需要了解《中华人民共和国慈善法》。

第二个，社工入户探访，发现一户经济条件非常困难的家庭，通过相关的了解，发现该家庭可能符合低保的条件，那么咱们社工就需要知道申请低保的要求以及相关法规和政策，比如了解《社会救助暂行办法》《最低生活保障审核确认办法》等内容。

第三个，作为社工，为被施暴者提供服务，判断被施暴者是否属于家暴，遇到家暴应该怎么做，寻求哪些部门的合作，这时候咱们社工就需要了解《中华人民共和国反家庭暴力法》。

第四个，遇到想要离婚的夫妻，作为社工就必须知道《中华人民共和国民法典》第五编婚姻家庭编中新增的离婚冷静期，以及作为社工如何在离婚冷静期中起到积极的作用。

第五个，企业员工因工致残，企业却不履行相关的责任，那么作为社工需要了解《中华人民共和国劳动合同法》《工伤保险条例》等内容，才能真正地通过法律途径帮助企业员工维权。

通过以上 5 个例子不难看出，社工的工作和法规政策息息相关。

随着社会工作的发展，国家出台的一些法规和政策会提到社会工作，社工可以通过这些法规和政策看到社会工作在其中发挥的作用，比如乡村振兴、社区治理、疫情防控等。

在高级社会工作师考试中，会出现围绕法规政策结合社会工作视角作答的题。其实无论是初级、中级、高级考试，社工对于法规和政策的解读的意识和能力都是必须要有的。

作为打通服务群众"最后一米"的社工，只有对法规政策有足够的了解，才能真正高效地帮助服务对象；也可以说，对于法规政策的了解，是社工的专业性体现。

来源：邂逅社工公众号，2021 年 10 月 23 日。

二、如何学习政策

（一）要带着问题学习研究政策

比如，带着如何解决地区困境儿童保护的问题，有针对性地学习了解国家困境儿童保护的政策，将政策措施落到实处，将政策资源发挥到最大化。再如，带着社工站如何拓宽经费来源渠道、如何提高社工待遇留住人才、如何可持续高质量发展的问题钻研政策，从政策规划中寻找可能的方向与出路。待遇是职业选择最重要的因素之一，提高待遇是保障乡镇社工发挥作用的基础。多年来，社工机构经费主要来自政府购买服务经费，政府购买服务价格如果不增长，社工从业者待遇就很难增长。促进乡镇社工职业发展、提升经济收入就必须拓展社工站和社工机构经费来源。对政策解读会发现，拓展经费来源有两种可能性：一是要围绕群众"急难愁盼"的需求问题，积极整合民政部门内部各项业务资源及社工站服务领域相关的部门资源，加大财政支持力度；二是要积极探索有偿社会服务，依托乡村振兴、积极应对老龄化、健康中国、共同富裕等国家战略，将社会工作与群众生活服务结合，融入为儿童、老人、残疾人等居民群众服务的生活性服务业。同时，借鉴发达地区经验，政府部门及行业组织应积极建立社会工作职业标准，明确与从业者经验和能力相匹配的职级晋升方式和待遇提高空间，在业务发展中加强职业保障，实现职业发展与行业发展的相互促进。

（二）要把握好国家福利提供的途径和范围

这是政策学习的过程，也是对实际问题的研究探索。只有对政策学习得好、理解得透、研究得深，才能对政策把握得准。只有准确地理解了政策，掌握好政策的界限、原则、对象、内容等，才能用活、用足、用好政策。只有毫不放松学习政策，充分把握政策的精神实质，提高政策的运用水平，才能使政策真正成为助推社会工作事业发展和增进民生福祉的强劲动力。乡镇社工只有对法规政策足够了解，才能真正高效帮助到服务对象。对法规政策的充分了解和运用，也是社工专业性、职业性的重要体现。任何社会政策的出台，都有其特定的历史背景和社会条件。乡镇社工不仅要熟悉政策本身，更要了解政策出台的形势和背景，充分认识复杂多变的社会环境以及在此背景下政策制定的缘由和意义。只有全面把握政策的具体内容，才能有效避免出现理解和执行上的偏差。

拓展阅读 ....

社工参与政策倡导"三步走"

政策倡导是动态推进政策制度修改完善、制定出台的过程，但凡有益于服务对象，小到优化一项服务内容、缩减一个服务流程，大到推动出台新政策制度、扩大政策覆盖范围等，都属于社会工作政策倡导的重要组成部分，应给予持续的鼓励和支持。

第一步：问题发掘评估。问题发掘是政策倡导的核心基础。社工需要强化自身政策倡导意识，不应仅考虑解决某个服务对象的问题，更应解决其背后群体性的问题，实现社会工作服务的效能最大化。大部分社工扎根一线，掌握一手服务资料，可深入居民群众，聆听心声，掌握需求，由点及面，积极发掘背后群体性的需求，同时在相关政策实践过程中，积极探索，主动反思，挖掘可优化之处，助力政策不断修改完善。

第二步：具体对策研究。当群体性问题发掘出来后，要重点对问题进行研究分析，把握问题的根本原因。首先，向服务对象和工作人员了解问题产生背景、采取过哪些措施以及效果如何等情况。同时，利用查找文献等方式，研究分析其他国家和地区的经验做法，达到全面深刻认识问题本质、掌握有关解决措施的目的。其次，结合当地实际情况，初步拟定问题解决措施，并通过召开会议等多种形式征询专业人士意见，进一步修改完善建议措施。最后，经过多轮修改后形成定稿。

第三步：建议措施传递。针对问题形成建议措施后，如何快速传递给有关部门并引起重视是问题得以解决的关键所在。

面向现行的政策制度进行倡导建议的，如政策制度改动范围不大，仅涉及操作流程调整的，可借助座谈会、汇报会、电话反馈等直接向有关部门建议。

来源：黎东．社工参与政策倡导"三步走"［J］．中国社会工作，2020（30）：36.

第二节　如何用好政策和专业标准

正确使用政策是学习政策的目的。不能正确使用政策，再好的政策也是一纸空文。乡镇社工应重点关注社会政策和专业标准，提升政策和标准的应用能力，促进社会工作职业化、专业化、标准化发展。

一、政策应用的主要目的

一是以政策应用促进科学决策。找准本地区、本机构、本站点与上级政策的结合点，用足、用好、用实现有政策，精准分析研判，实现政策效益最大化。要从本地区、本机构、本站点的实际情况出发，充分考虑自身的各方面条件，最大限度地与政策结合起来，寻找政策规划与本地区、本机构、本站点需求的契合度，拓展服务机会和发展机会。

二是以政策应用促进工作落实。对政策要求办的事坚决办，对政策鼓励办的事马上办，对政策暂时无明确规定的事想法办，对涉及政策业务多个部门的事协调办。

三是以政策应用促进问题解决。通过政策指引，明确困难群体的需求和问题解决的方向，用好、用足政策提供的正式资源，最大化解决民政服务对象生产生活中的实际问题，不断提升群众的满意度和获得感。

二、遵循政策，制订工作计划

无论是制订机构发展规划、年度服务计划还是撰写项目计划书，乡镇社工经常会面临"写计划"的工作难题。社工应在了解和理解相关政策的基础上，学会在工作计划撰写中应用政策，将政策应用思维贯穿工作计划撰写的全过程。政策应用思维就是站在政策制定主体（主管部门）的角度，了解本行业发展趋势和工作计划，了解关键的决策部署，分析社会工作行业政策趋势，把乡镇工作计划与主管部门的决策部署相融合，寻找机遇，洞察趋势。准确把握政策部署，才能让我们的工作有的放矢。

乡镇社工在工作计划撰写中应该重点关注哪些政策文件呢？基于社工站的实践经验，乡镇社工工作计划中主要参考的政策文件包括四类，分别是社会工作行业中长期规划（一般指 10~20 年）、五年发展规划、专项行动计划和年度工作要点。乡镇社工需要从以上政策文件中掌握社工站所在地区的发展优势和发展趋势，结合该社工站服务重点，撰写工作计划。工作计划的主要内容一般应包括现状分析、形势研判、工作目标、工作策略、工作重点、量化指标等。

现状分析是基于社工机构的发展历史和现实状态的清醒认识，重点分析当前乡镇社工站工作存在的问题与难点，其核心是与政策要求进行对照，找出不足，并与同行对标找出差距。形势研判可以分为三个层面：一是着眼于清晰认知行业政策和监管形势，分析存在的机遇与挑战；二是绘制关键部门地图，根据所在行业和属地关系，对相关政府部门的组织架构、职能职责、重点工作等进行全面梳理盘点；三是关注同行在社会工作政策领域的布局和回应策略，包括服务策略、经验得失等。基于现状分析和形势研判，确定合适的工作目标，并结合各级民政部门工作方向，制订符合乡镇社工站实际的工作策略和方法，将目标任务细化分解，将工作重点实施落地，将量化指标落实到具体的服务对象和服务步骤中，最后做好考核评价。

三、遵循专业标准提升专业化水平

社会工作既是一门专业，也是一个职业，为体现其专业性，在乡镇社工站服务过程中，应遵循我国已经出台的社会工作专业标准和规范，包括《社会工作方法　个案工作》《社会工作方法　小组工作》《社区社会工作服务指南》《儿童社会工作服务指南》《青少年社会工作服务指南》《老年社会工作服务指南》《社会工作服务项目绩效评估指南》《社会工作督导指南》《儿童福利机构社会工作服务规范》《养老机构社会工作服务规范》等国家标准、行业标准，以及《农村留守人群社会工作服务规范》（湖南省）、《社会救助社会工作服务指南》（四川省）、《社区戒毒社区康复社会工作服务规范》（广东省）、《乡镇（街道）社会工作站建设与服务规范》（杭州市）、《企业社会工作服务指南》（深圳市）等很多的地方标准，通过标准化、规范化建设，提升社工站运行管理专业化水平。

以与乡镇社工站工作相关性较大的《社区社会工作服务指南》为例，该项指南针对实践中社区社会工作服务存在的内涵不明、界限不清问题，对社区社会工作服务范围和内容进行了规范。提出社区社会工作服务是一种秉持助人自助的价值理念，运用社会工作专业方法，以社区为平台，以统筹社区照顾、扩大社区参与、促进社区融合与社区发展、参与社区矫正和社区戒毒、社区康复等为主要任务的专业活动。明确应根据城乡社区发展特点和社区居民需求，分类分层次推进社区社会工作服务。《社区社会工作服务指南》重点围绕老年群体、困难群体、特殊人群、流动人口和留守人员服务需求，归纳总结了 7 大项、34 小项社区社会工作服务内容。明确了社区社会工作服务的推进原则、流程方法、质量管理和服务保障要求。提出了需求为本、多方联动、专业引领、跨界合作的社区社会工作服务基本遵循。强调社区社会工作服务应按照需求评估、服务策划、服务执行和评估改进基本流程，综合运用个案、小组方法及社区分析评估、资源链接、动员参与和支持网络建设等方法，建立完善专业督导、风险控制、投诉处理等各项服务与管理制度。

标准化在推进国家治理体系和治理能力现代化中发挥着基础性、引领性作用。党的十八大以来，民政标准化工作快速发展，标准体系日趋完善，质量水平明显提升，应用范围持续扩大，发展基础不断夯实，在推动民政部门更好履行基本民生保障、基层社会治理、基本社会服务等职责中发挥了重要支撑保障作用。为深入贯彻《国家标准化发展纲要》和《"十四五"民政事业发展规划》，民政部全面推进新时代民政标准化工作。目前，多项社会工作行业标准已在意见征求中。随着社会工作行业不断发展，乡镇社工应不断对标新的行业适用标准，推动基层社工站服务向标准化迈进。

案例分享

打通福利政策和社会治理政策"最后一米"

Z社区虽位于H市中心，但社工经走访发现，社区内仍有不少困难群体没能获得国家兜底民生保障政策救助，社区治理的许多"痛点"和"难点"长期存在。因此，顺利打通福利政策和社会治理政策"最后一米"，是赢得服务对象和基层政府认可的关键。

打通福利政策"最后一米"。机械厂（化名）是Z社区内四大破产国有企业之一，部分居民因企业破产而失业，许多职工年老多病、未能享受国家福利救助而陷入贫困，厂区环境卫生状况恶劣。经过入户和深层接触，社工发现许多困难群众之所以未得到民政部门的救助，是因为并不清楚自己应该享受何种政策帮助，也不明白向哪个部门申请救助，加之许多福利救助需要网络申请，他们根本不懂电脑、手机操作，还有的因身体残疾无法出门。为此，社工通过"扫楼"的方法上门了解情况并逐一登记建档立卡。同时，联合街道"医保办"工作人员和残疾人专职委员开展民政政策宣讲。经过全覆盖摸底调研，共识别出困难群众和特殊群体 19 人（户），其中符合低保政策救助的 1 户，符合办理残疾证的 4 人，孤儿 2 人，高龄独居者 11 人，单亲家庭 1 户。在建档立卡的基础上，社工及时跟进，开展精细化服务，包括物资救助、社会心理支持、能力提升、社会融入服务等，随后将这种"精准化识别、精细化服务"的模式在 Z 社区所有职工小区推广。

打通社会治理政策"最后一米"。由于企业破产造成居民生产生活方式转变、社区管理模式变迁以及公共意识日益淡薄，机械厂职工小区社会治理的"痛点""难点"很多，生活垃圾随处可见，小区内"三留守"群体生活环境恶化。此外，小区礼堂和篮球场年久失修，居民缺乏公共空间和公共生活。

为了解决社区环境卫生和公共生活问题，社工采取了一系列专业行动。首先，举办社区公共活动聚起人气，搞好与居民的关系，开展喜闻乐见的活动如广场舞、流动电影放映等。其次，借助入户访谈摸清小区环境问题的现状、成因及居民的改善意见。社工发现环境卫生问题的根源是小区缺乏管理、环卫设施不足、环保意识薄弱、无人愿意牵头处理等。同时也发现居民不但对环境卫生差深恶痛绝，而且都希望改善卫生状况，愿意参与整治行动。经过"扫楼式"的居民信息摸底、民政政策宣讲，尤其是困难群众的个案救助之后，社工获得群众的信任并建立了关系网络。再次，争取相关部门支持。社工向街道办和市"创文办""爱卫办"反映并提交环境评估报告，赢得各部门的支持。最后，开展环境卫生整治并建立监督管理机制。在社工联动下，居民开展了大规模卫生清理整治行动；同时，社工多次召集居民座谈会，最终表决通过《机械厂垃圾清理维护居民协议书》，并民主选举产生由社区骨干组成的卫生监督队。从此，居民形成定期清理垃圾、开展卫生整治的默契，不仅使社区环境得到根本改善，而且提升了居民的环保意识和公共参与意识。

由于企业破产造成职工小区居民的福利供给和社区管理模式改革，加之破产清算纠纷引发干群关系紧张等，社区内的公众对下岗工人及其家庭有许多偏见，在管理无序、社会排斥等多重因素作用下，国家福利救助政策难以精准输送到有需要的困难群体家庭。社工运用行动研究方法，将民生兜底保障政策导入困难群体，代表党和政府把惠民、利民政策资源和社会关怀输送到困难群众的"灶头、炕头、心里头"，帮助其重拾生活信心。同时，通过整合"创文""创卫""人居环境整治"等社会治理政策资源，发挥社区骨干作用，提升居民参与能力，促使共建共治共享的社会治理真正落实到社区。

来源：张和清，廖其能，李炯标. 中国特色社会工作实践探索——以广东社工"双百"为例 [J]. 社会建设，2021，8（2）：3-34.

第 5 章

掌握入户调查和会谈技术

入户调查和会谈是社会工作者最常见的工作任务，社工需要将调查了解的内容形成调查（评估）报告，用于下一步的工作指引。本章将学习入户调查、探视探访、沟通会谈、报告撰写的常用技术和注意事项。

第一节　入户调查与探视探访

作为一名社会工作者，为了增进与服务对象之间的交流，建立专业的服务关系，收集服务对象的详细资料，了解服务对象的家庭情况以及他们与亲友之间的互动模式，往往需要进行入户调查与探视探访。

入户调查与探视探访虽然不是专业社会工作的三大手法之一，却是社会工作实务中第一步和最基础的工作方式，其优点在于能够直接、深入地与服务对象进行全方位接触，最大限度地掌握服务对象的情况，主动打破服务僵局，对社会工作实务的开展起着积极的支持作用。工作中，社会工作者也会面临服务对象的抵触情绪和心理防御、访谈时间跨度长、探视工作流于形式等困难和挑战。如何才能做好入户调查与探视探访，达成预期成效，需要考虑以下几个方面事项。

一、入户调查与探视探访前的注意事项

（一）做好准备工作

首先要了解探访对象的基本情况。一方面，掌握服务对象的基本资料，或者查询服务对象过往服务资料，多一些交流的基础信息。服务对象的基本信息可以多重方式查询了解。例如，低保对象的申请存档资料等可以在村委会系统中查询。了解服务对象的基本资料，可以避免基础信息的

重复问询。另一方面，需要咨询乡镇干部、联村干部、村委会成员、精防医生等工作人员或专业人士，了解服务对象的特殊情况。例如，家庭变故、亲人过世、残疾发生等可能的创伤情况。了解清楚后再入户就可以避免再次揭开服务对象的伤疤。

（二）明确入户的目标

许多社会工作者最初入户都抱着一种好奇的心情去，却带着一种低落的心情回。入户之前，如果对入户的认知不够清晰、目标不够明确，那么入户之后，就会产生落差感，有自责、力不从心的感觉。其实，社工只要明确自己的身份、明确工作的内容及任务，就能游刃有余地完成既定目标。

要做好入户调查与探视探访工作，就必须有明确的目标。与人打交道，特别是在服务对象家里，要充分考虑服务对象的内心情绪，长时间无主题的交流或长时间停留在服务对象家中，很大程度上会引起服务对象的抵触心理，可能影响整体工作的推进、与服务对象建立和维护良好关系等。

因此，必须明确自己的目的，并将入户调查与探视探访目的具化为合理、简洁的提纲。从一定程度上讲，这关系整个入户调查与探视探访工作是否能顺利、有效地开展。入户调查和探视探访的主要目的如下。

1. 进一步收集服务对象资料

在社会工作服务的各个阶段，需要对服务对象、服务区域的具体的需求和所面临的问题有精准、全面的了解。通过入户调查与探视探访工作，对服务对象、服务区域的需求和面临的问题进行有逻辑、有系统的资料收集，从中了解到最急迫的问题、操作较容易的内容，并进行问题回应、需求排序，可以保证项目顺利、有效地开展。

同时也可以运用优势视角，发现服务对象的潜在能力和社区潜在资源，例如服务对象的经历、技能、智慧、性格、社会支持等，有助于设计有效的服务计划。

2. 建立和维系良好的工作关系

以拜访社区骨干、地区商家资源为例，通过对各自优势特长、动机目的、近期计划等方面的有效沟通，建立良好的工作关系，能够实现社会工作者、落地社区、社区组织、志愿者、公益资源之间的相互了解、增进共识、联合行动。

在建立专业关系、了解需求和优势的基础上，激发服务对象的参与动力，使其在具体的工作中投入智力、人力支持，实现有效动员，也是入户调查与探视探访工作的重要目的。

（三）整理装束与仪容

社会工作者在入户探访前要注意检视自身着装，最好穿着机构统一的工作服并佩戴工作证。避免奇装异服或穿着过于暴露，建议穿长裤搭配运动鞋或休闲鞋，因为经常要步行或上下楼梯，穿舒适的鞋子走动更为方便。社会工作者还应尽量避免佩戴耀眼饰品、化浓妆和喷香水，素净的仪表配上亲切的笑容是社工最好的装饰。

（四）检查外出随身物品

社会工作者在入户调查与探视探访前通常会携带手机、公交卡、纸巾、水壶（装满水）和伞（以应对各类天气）等。除此之外，我们还会推荐携带下述物品。

社工机构的各类宣传单。便于向探访对象介绍社工服务。

笔和便笺本。便于为服务对象写便条留言或者记录经常遗忘的事项。

手电筒。既可以照明又可以防身，特别是走访老城区内昏暗的巷子时，非常适用。

录音笔或者手机录音。在说明用途、保密原则并征得服务对象同意后，用于记录探访过程中的语言信息，而不是拿纸和笔当面记录信息，这样服务对象没有压力，能敞开心扉诉说，也方便社会工作者回办公室以后整理资料，以免遗忘。但语音资料不宜外传，仅限于自己摘录有用信息。

所有外出携带的物品可以用双肩背包携带，这样能解放自己的双手，灵活应对问题。比如说，入户后接下服务对象端来的茶水，或者在路途帮扶一把行走不便的人，顺手抱一抱小朋友等，这样能更快地融入服务对象群体。

（五）知会服务对象

社会工作者入户调查与探视探访前须与服务对象取得联系，确定时间，查清路线，避免选择临近饭点或午休的时候前往。若是首次探访，应事先告知服务对象社会工作者上门时的穿戴特征及验证方式，方便服务对象核实社会工作者身份。在实际工作中，首次入户调查与探视探访若能由服务对象的亲友或其他熟悉的邻里、镇村（社区）干部担任介绍人，则更能提高服务对象对社会工作者的信任感。如果有村组微信群，可以请网格干部或村"两委"负责人提前在群内告知社会工作者入户探访事宜。入户调查与探视探访时间可以很灵活，若服务对象有需要，也可以选择晚上或节假日的时间入户。

（六）做好安全防范工作

一般入户最好两人同行，可以视情况邀请同事、志愿者、村干部等协助。入户时可选择坐在院子或客厅，非必要不关门，更不得锁门，尤其是在探访儿童、异性服务对象、危险服务对象时。在入户探访非稳定期的精神障碍人士、矛盾激化期的家庭等危险服务对象时，要留意逃生路线、选择坐在靠近门口的位置并保持安全距离。入户时约定一个未参加探访的同事担任安全员，探访前和结束后，利用微信群组进行图片和语音报备，未在约定时间收到报备的，安全员应及时联系并视情况处理。

二、入户调查与探视探访过程中的细节

（一）依照约定按时到达

社会工作者应提前出门并在约定时间到达服务对象家中，保持守时的专业形象。若在前往途中遇上特殊情况以至不能按约定时间到达时，一定要及时告知服务对象。社会工作者在到达服务对象的住址附近时，可以与附近的保安、治安员或邻里居民打招呼，这样既能跟社区居民搞好关系，又能让他们知道你确实到达这个地方，方便遇到紧急情况时寻求援助。若社会工作者在约定时间到达但无人应门时，可打电话向服务对象询问情况；若无人接听，可用随身携带的便条纸交代此次来探访不遇的情况，并请他们回来后与社会工作者联系，然后将纸条连同宣传资料一起放在门口显眼处。

（二）遵守当地风俗礼节

驾车去的应自觉规范停放机动车，停放位置不影响其他车辆出入。若是停到服务对象邻居家，在不影响该户出入的前提下，需要礼貌地打招呼，告知自己停车的原因和停车的时长，取得同意方可。

在服务对象开门后，社会工作者应面带微笑地站在门口的位置向服务对象做自我介绍，说清来意并出示工作证，让服务对象清楚确认社会工作者的身份。社会工作者在进门前要注意观察服务对象及其家中的情况，若发现服务对象满身酒气、仪容不整或神志混乱时，可以先不进门，在门外了解情况并作出评估，但注意避免露出嫌弃或不满的表情。

进门后社会工作者可留心观察服务对象家中的装潢布置与居家环境，但不可东张西望，更不能随便乱碰别人家的东西。尽量选择在客厅（堂屋）交谈，避免进入服务对象卧室，更不要坐在服务对象的床上。哪怕对方邀请，也要委婉地拒绝，可以解释说因为社会工作者在外面走动，带着一定的尘埃，担心细菌落到床上影响对方的健康。若进门时服务对象开着广播或电视，可请其将音量调小，以免影响谈话。

（三）开启交流话题

首次入户在开启话题时，社会工作者通常以健康状况、日常生活、子女情况、时事热点及运动爱好为切入点，就是俗称的"拉家常"。还可以通过进门时所留心观察到的家具布置、摆设（相片、金鱼缸、各类植物、晒着的瓜果蔬菜或肉、手工艺品）及其收看收听的节目来展开话题。

交谈的问题要以开放式为主，若服务对象沉默或明显地要转移话题时，则不宜追问。交谈时，若有服务对象的亲属在场，可以留心他们之间的交谈和互动。整个过程可按探访前制订的目标进行，了解服务对象的家庭系统和社会支持网络情况。若服务对象是长者，要耐心真诚地倾听，哪怕长者重复唠叨往事也不要敷衍了事。交谈中，注意自身的言辞，若服务对象的观点或见解与自己相悖，社会工作者应保持价值中立，避免引发争论、误解和矛盾，更不能将自己的价值观强加给服务对象。

（四）适时调整状态

我们在具体的入户调查与探视探访工作中，要将该项工作视为了解全新"知识点",甚至是探索"未知领域",保证自己始终保持积极的求知状态。当了解服务对象真实信息受到质疑或者遇到阻碍时,产生"烦躁""无意义感"等心理压力也属正常,这种状态下建议先暂停,让大脑放空,并重新审视自己对入户调查与探视探访工作的态度及看法。因为积极的探访态度能够最大限度地拉近社会工作者和服务对象之间的距离,打破两者之间的防御壁垒。

(五) 做好信息记录

信息的记录是入户调查与探视探访工作的"产出"阶段,是为后期数据分析、信息分析阶段打基础的关键点。记录有效信息、剔除无效信息,是这个工作阶段的重点。在记录的时候,除了服务对象的语言表述,社会工作者也应该将自己看到的、听到的、想到的内容记录到位,这对全方位了解服务对象实际情况有着非常重要的补充意义。

从实践来看,当着服务对象的面做记录可能会激发服务对象的防御状态,不利于真实信息的收集,尤其是面对老年人群体。因此,除非已通过前期服务建立起信任关系,除问卷调查外,不鼓励当面记录,可在辞别后记录关键词,便于后期整理。

使用录音设备(手机或录音笔等)前必须征得服务对象同意。如担心服务对象因不熟悉社工而拒绝时,可以在访谈过程中视情况进行片段录制,例如,"你现在说的这个信息十分重要,我怕自己会忘记,能否先录下来?我们保证不外传。"也可以在探访结束后,立即出门寻找安全的地方,趁记忆清晰时,先用语音设备录下关键信息。

对于一些言语、文字表达起来有难度的场景,可以在服务对象同意的情况下,进行拍照留档,便于后续的信息分析。但拍照不应太多,拍到的内容需要与服务对象核准。

(六) 做好档案整理

在进行档案整理时,我们总结了三条原则:系统、客观和边界。首先,要依据驻点单位和机构的档案整理办法与表格收集整理必填信息。在整理信息时,要注意形成信息链条。例如,老人有经济困难的现象,除了记录老人的贫困表现、收入与支出情况、有无享受社会福利,还需要了解老人有无子女及子女经济情况与赡养意愿等。其次，要注意信息呈现的客观性。尽量避免使用负面评判词汇，注意使用细节说明情况（记录服务对象话语要用双引号）。例如，可以说老人性情孤僻、社交边缘化，但不能说老人性格古怪、脾气不好。最后，在填写档案时，注意保密和隐去非必要的及有歧义的信息。例如，单亲妈妈经常得到村邻帮忙从事重体力劳动，此时不需要特地点明提供帮助的人是男性邻居等。

三、结束入户调查与探视探访的技巧

（一）限定时间

入户调查与探视探访时长一般控制在 45 分钟以内，但可依据实际情况进行调整。

（二）表示感谢

结束交谈时，建议运用礼貌的说辞。例如："跟你聊天很开心，但怕耽误你做事。""聊了这么久你也累了，先休息一下，我们下次再接着聊。"

（三）给予反馈

一方面进行小结（问卷调查除外），说明今天获得哪些信息或进展；另一方面再次告知信息用途，如果确认属于服务范围，可以说明接下来可能会向机构申请为其开展何种服务，或者提醒近期相关服务计划，邀请服务对象参加。

（四）建立联系

对于需要持续服务的对象，可以使用工作微信添加对方，或邀请对方加入区域服务群，并告知对方在何种情况、什么时间可以联系社会工作者，也说明有时候无法及时查看微信但看到后会尽快回复。

（五）保持界限

如果遇到服务对象客气或热情留饭、赠送礼品等，应先感谢再婉拒，例如"我已经有约""工作上还有事情需要处理"。需要再三婉拒时，可以声明机构有规定，"不拿群众一针一线"，请服务对象支持和监督，并及时"夺门而出"。实在难以婉拒的，可以选择性接受自家出产、价值低的物

品，并且事先准备零钱或再访时回赠物品。

第二节　常用的沟通会谈技术

在具体的入户调查与探视探访过程中，相应的技巧是必不可少的。灵活的沟通会谈技巧能够保证入户调查与探视探访工作的顺利进行，在入户调查与探视探访工作中收集到最有效的信息。因此，掌握基本的入户调查与探视探访技巧，是社工必须具备的能力。结合多年实务经验，我们梳理出一些常见会谈技巧如下。

（一）问题具体化

在访谈中，社会工作者应尽量将问题具体化，避免问题的笼统化和模糊化。例如，当社工想了解一个老人的健康情况时，最合适的是将"健康情况"细化为"身心社"或者"衣食住行"等具体标准。例如，可以用"您一般外出时，走多远需要休息一下"等来细化提问。

（二）谨慎评判

话在口中含三秒，不要急于反驳对方或者表达自己的观点。保证在真正理解服务对象阐述内容后，再给予策略性的回应和发问。要始终坚持一个原则，即入户调查与探视探访收集的是信息，观点属于信息范畴，是对特定事物的看法和认识，在入户调查与探视探访时应将服务对象的观点作为客观的信息看待，而不应发起过度的讨论。情绪亦然，可以作为需求评估的依据，如关于服务对象性格评估等，但不应造成过度的情绪碰撞。

（三）通感并用

入户调查与探视探访表面上是动口，实际上是视觉、嗅觉、触觉等系统的联动工程。在视觉层面上，应仔细观察服务对象在阐述不同话题时的面部表情，观察服务对象的居家环境、装饰品细节等。在嗅觉层面上，应注意周围是否有特殊气味，如酸腐味、中药味等。在触觉层面上，应关注服务对象（如老人）的肢体温度等。

通过非语言获得的信息，往往能够对信息的完整度进行有效补充。在一定程度上，各种感觉的综合使用，也能为入户调查与探视探访的话题展开提供启发。如当通过嗅觉发现服务对象家中有中药等气味时，相关的话题可以从身体、健康角度展开。当服务对象是一位老者，社区资料也并未标明其子女情况，通过观察也未发现相关的照片等信息时，就需要避开或有技巧地询问关于子女的话题。

（四）顺势提问

提问题要顺着上一个话题往下延伸，尽量避免同时展开多个话题。有系统的、有逻辑的问题，能让了解到的信息更深入、更完整（避免关键问题的遗漏）。与此相关的，社会工作者应加强逻辑思维方面的训练，避免因自身逻辑习惯（如思维跳跃）等，给服务对象造成困扰。

（五）鼓励表达

入户调查与探视探访的关键字眼在"谈"上，而这个"谈"的意义体现在服务对象的表达上。社会工作者可以适当沉默，鼓励、引导及等待服务对象倾诉自己的情绪、讲述自身的情况与经历等，这是入户调查与探视探访工作的最大意义所在。

（六）适当限制

当服务对象的表述偏离了话题或表述过于抽象时，社会工作者可以适时打岔将话题切回，也可以向服务对象说明工作安排限制，希望服务对象就某个话题继续补充阐述。社会工作者也可以主动抛出具体问题，不断用澄清与追问的方式，让服务对象信息表达更清晰。

除上述内容外，大家也可以重点学习个案会谈的支持性、引领性和影响性技巧，提高沟通会谈的成效。总而言之，我们坚持的原则是尊重服务对象的态度和表述，让服务对象有效发声，最大限度传递信息。以下 4 个原则可以参考遵循。

一是诚恳。对服务对象保持诚恳的态度，是打破防御壁垒的重要方法；让服务对象清晰地了解社会工作者入户调查与探视探访的目的和期待，是两者之间建立信任关系的关键。在入户调查与探视探访工作中，社会工作者应该尽量用开放的态度对待服务对象，让服务对象感受到来自社会工作者的真诚，从而保证入户调查与探视探访工作的顺利进行。

　　二是热情。让服务对象感受到社会工作者的尊重和热情，是服务对象开口表达、坦诚发声的重要前提。用热情感染服务对象，是社会工作者需要练习的。与此同时，也需要把握尺度，避免让服务对象产生不必要的困惑。

　　三是中立。社会工作者在入户调查与探视探访中是问题的发出者和信息的收集者，要用中立的眼光看待相关的问题以及反馈的信息，给予相应的回应，避免用个人的价值观作为标准，去评判被访谈者的观点、态度、行为。

　　四是不承诺。在入户调查与探视探访中，最忌讳的是社会工作者为了与服务对象建立某种专业关系，而作出缺乏实现可能性的承诺。过度的、不切实际的承诺会推高服务对象的期待，当现实情况同其期待发生冲突时，其副作用会反噬社会工作者和服务对象的信任关系，导致两者之间工作关系的破裂。

　　入户调查与探视探访是社会工作者日常最基本的工作内容之一，最需具备的是一颗尊重他人并且真诚的心。只有设身处地地站在服务对象的角度看问题，认真倾听服务对象的需求，才能与其建立积极良好的专业关系，继而了解他们的真实需要，走进他们的内心。在此过程中，经常出现各种突发情况，非常考验社会工作者的临场应变能力。因此，社会工作者要在工作中不断接受历练，注意反思和总结，丰富自身实务经验。

第三节　社会调查与报告撰写

　　社会调查是用合适的方式，获得所需要的关键信息，为工作决策计划提供参考依据。需求调查是基层社工站建立初步服务关系、做好基础服务定位、清晰服务内容、梳理辖区重要资源的一种快速融入辖区的有效方式。如何有效地做好社会调查是基层社工站服务的重要前提，也是对基层社工站的重要挑战。本节主要是基于作者对于长沙县社工站、浏阳市社工站、古丈县社工站、泸溪县社工站、洪江市社工站等站点的实践和观察，围绕如何有效做好基层社工站社会调查与报告撰写进行阐述，仅供参考。

一、社会调查的基本认识

（一）社会调查的重要价值

社会调查是全面了解辖区情况的有效方式。社会调查本身就是收集相关信息的过程，并对相关信息加以整理，为辖区相关服务决策提供参考依据。社会调查是社工站社工有效融入社区、与辖区人员建立专业关系的第一步。向居民收集信息的过程，既是了解情况的过程，也是进行宣传推广的有效方式之一。调查报告是社会调查的重要产出，是集中梳理辖区资源、突出辖区核心需求、提供社工站服务建议的重要工具。社会调查在社工站建设的不同阶段发挥不同的作用。如本节社会调查主要是针对社工站建站初期开展的辖区需求调查，其主要作用是为早期社工站在站点定位、服务内容、服务策略、辖区资源等方面的建站服务规划提供指导意见。

（二）社会调查的主要类型

社会调查按照不同的划分标准有不同的类型。根据调查的性质，分为理论性调查研究和应用性调查研究；根据调查的作用和目的，分为探索性研究、描述性研究、解释性研究；根据调查资料的分析方法，分为定性研究和定量研究；根据调查对象的范围，分为普查、抽样调查和个案调查等类型。基层社工站的社会调查主要是为了回应和解决现实社会中存在的具体问题。在基层社工站，社会调查常见类型包括两类：一类是需求调查；另一类是专项调查。需求调查主要是社工站为了了解辖区群体需求而开展的调查工作；专项调查主要是基层社工站为了达成某个专项议题研究而开展的专项调查工作，如残疾人无障碍设施调查、低保核查、示范站点建设调查等。

（三）社会调查的注意事项

社会调查的过程涉及多方主体的参与，社工站社工在开展社会调查过程中要明确重要主体，让重要主体参与社会调查至关重要。社会调查过程中要紧扣社会调查的主要任务和目的，选择合适的方式或方法收集信息，不能追求形式主义的东西。社会调查的收集情况跟组织实施者的经验水平有很大关系，不同的调查报告也有水平高低的差异。在社会调查过程中的信息的真伪性是比较难断定的，如何有效地发挥调查报告的结果价值也是至关重要的。调查报告并不是全能型地解决所有问题，也不是通过一次的集中调研就能挖掘出所有问题和资源。在实务过程中，调查报告不是一次完成的，而是分步骤、分阶段完成的。所以在开展调研的时候要明确单次调查的任务和目的。

二、如何实施社会调查

任何社会调查都不是盲目开展的，一般是带着某个议题或是某种目的开展的。在明确和梳理了调查工作的目的和任务之后，就可以开始着手准备社会调查的相关工作。一般的社会调查流程主要包括明确调查目的、制订调查方案、组织实施调查、收集和整理调查信息、撰写调查报告等环节。

（一）明确社会调查的目的

任何一项调查工作，都要根据特定的目的和需要，选择与之相适应的调查方式。社会调查在社工站建设的不同阶段有不同的作用。以社工站建设为例，建站初期需要开展的社会调查，其主要作用是为早期社工站在站点定位、服务内容、服务策略、辖区资源等方面的建站服务规划提供专业意见。

开展早期的需求调查工作既是对辖区基本情况一次集中式地全面把握，也是和当地的相关利益方建立专业关系的第一步。这种类型的集中式的需求调查工作必不可少。

建站初期的需求调研，主要目的是了解辖区基本情况，梳理辖区重要需求，挖掘辖区主要资源，为后期社工站的服务工作开展打下重要基础。一般是在建站初期开展，建议 2 个月以内完成，主要任务是为了明确社工站的早期定位、验证社工站服务策略以及服务内容的可落地性，建立与辖区相关方的初步专业关系。这个需求调查从实际操作来看主要有两个角度和两个层面。两个角度主要是问题角度和能力角度，两个层面是指社区综合层面和专项领域层面。

知识链接 ....

表 5-1　社工站常开展的调查类型

定位	阶段	任务目标	内容	社工角色
需求调研	服务开展前期	通过调查了解辖区主要需求，为服务开展提供内容依据	辖区内共性或是某类群体在比较性需求、表达性需求、感觉性需求、规范性需求方面的问题和需要情况	主导
资源调查	服务开展早期	收集调查辖区内可用资源，为社工站服务落地提供资源保障	辖区在"人文地产景"、政治经济文化社会等方面的正式或非正式的服务资源情况	主导
满意度调查	服务开展后期	了解社工站建设相关方（如民政办、乡镇街道、服务对象）对社工站服务开展的满意度情况	对社工站服务提供的内容、形式、态度等方面的测评情况	主导或协助
低保调查（或其他协助类）	民政周期为主	协助基层民政完成低保调查工作，筛选低保人员名单	调查对象在基本情况、经济收入情况方面的信息情况	协助

（二）制订有效的调查方案

　　基于调查目的和基础条件，选择合适的方法，开展必要的准备工作。需要重点考虑计划何时何地、通过采用何种方式渠道、收集何种信息，以期达到什么样的任务和目的。社会调查在社工站建设的不同阶段有不同的作用，社工需要基于调查目的，将这些思路想法形成一个可以实施的方案，即制订调查方案。

　　调查方案主要包括调查主题、调查目的、调查对象、调查时间、调查范围、调查内容、调查方式、调查人员的组成与分工、费用安排以及调查的协助工具等方面的设计安排。要根据调查的目的和主题、内容，选择合适的调查对象以及方法，并制作合适的调查工具。

调查方案不追求太全面，主要是能达成收集有效信息的目的即可。在具体实施过程中，可以先开展一个试调研的阶段，来验证调查方案的可操作性和可执行性。社工站的社会调查要围绕社工站的定位以及四大主体服务领域开展，主要完成摸清楚辖区的基本情况、辖区的核心问题及主要需求、梳理辖区的资源三大任务。

（三）资源保障及组织实施

在拟订调查方案之后，还需要配置一定的调查人、财、物方面的筹备工作。

人员方面主要有两个层面：一方面是指调查人员，一般是由社工或是志愿者担任。要做好对调查人员的召集、筛选、培训等工作，确保调查员能理解和实施此次调查工作。另一方面是被调查人员，主要包括访谈对象、调查对象、观察对象等，这些群体基本上是社工站服务的相关方。在调查之前应做好基本的礼仪、提前预约、话术准备等相关工作，留下相关对接人联系方式，避免因准备工作不充分导致重复调查，影响被调查者工作或是生活。

资金的准备主要涉及调研工作的预算和支出规范，组织方与出资方应确定资金使用的支出共识，做好常规的财务处理工作即可。

物资筹备方面包括工作服、工作牌、问卷或访谈提纲等调查工具及笔、文件袋等常规物料；还需要根据社工调查的方式或是地区位置做好相应的关于车辆、路线、雨伞、防虫防蚊膏、录音笔、相机、U盘等有需要的辅助工具的准备工作。

在组织实施社会调查时，通常先进行关键人物访谈和二手资料分析。关键人物是与乡镇社工站建设运营密切相关的民政系统和村"两委"相关负责人进行访谈，二手资料分析是重点围绕地方志、地方工作报告、相关部门工作档案、媒体报道以及其他地方社工站建设运营经验等，对将要进行的社会调查有全局性认识。然后再对重点领域的服务对象采用个别访谈或焦点小组方式，丰富和深化对该领域人群与问题的认识，从而设计有针对性的问题。最后再对重点领域进行随机抽样的问卷调查，收集量化信息，以便更精确把握有关群体的服务需求。

（四）常用社会调查技巧

执行阶段包括社会调查一般流程中的组织实施调查、收集整理调查信息两个环节。在社工站的社会调查中，除了按照基本操作流程，还需要注意以下调查技巧。

1. 如何选定调查内容

根据社会调查的目的选定调查内容，只要调查内容能够回应或者提供我们需要的信息资料即可。例如，我们在开展社工站服务过程中需要对社工站的服务规划做好定位工作，主要收集辖区的基本情况、辖区的资源情况、辖区的需求情况三方面内容即可。通过对三方面信息的整理，对辖区社工站的服务对象、服务资源、服务需求、服务内容、服务策略等方面进行梳理与分析。辖区基本情况可以从辖区的政治、经济、文化、生活、社会、位置等方面进行分析，也可以从"人文地产景"的角度进行分析。

2. 如何筛选和识别调查对象

选对合适的调查对象，对于收集信息会起到事半功倍的作用。社会调查中筛选和识别调查对象可以通过 3 个问题进行。第一是这个问题跟他有没有关系？第二是对于这个问题的解决推动他发挥什么样的作用？第三是愿不愿意或是方不方便跟我们分享信息？也就是要识别服务推动的关键利益相关方。每项调查内容信息的获取都要有具体明确的对象。例如，社工站想要做一个开展困境儿童保护工作专项项目，需要了解目前辖区困境儿童的服务需求。首先，要知晓困境儿童保护工作跟谁有关系。具体包括困境儿童自身及家属，从事困境儿童保护相关的政府部门工作人员，困境儿童所在村（社区）、学校、儿童伙伴，关注儿童服务的爱心人士或社会组织等。不同的主体对于可以提供的信息和回应的问题也是不一样的。可以从政府部门或是基层情况了解辖区困境儿童的基本数据、家庭基本情况、辖区分布、困境类型等相关信息；可以通过困境儿童保护工作人员了解现阶段工作开展情况、已经开展的工作或是缺失的工作，困难及相关服务资源等；可以通过儿童及家属的反馈了解目前儿童在生活照料、学习情况、家庭经济情况、兴趣培养等方面的情况。

3. 如何有效收集关键信息

在我们知道要向谁收集什么信息之后，如何有效地收集便成为重要节点。社工站作为新生事物，并不是所有人都了解或是认可社工站的服务工作的，如何在这种情况下利用有限资源进行信息收集是关键。第一，借助行政手段进行身份的授予及关系协调工作。社工站建设推动部门为民政部门，社工在开展社工站调查工作时，要积极做好沟通汇报工作，获取民政部门在身份证明及关系协调方面的支持。第二，通过调动乡镇（街道）重要人士或是爱心人士协助开展工作。获取辖区村支"两委"、书记干部、社会组织负责人、爱心人士等关键人物的支持，协助对调查工作进行推广宣传、筛选合适人员、进行上门介绍等，可以助力收集相关信息。第三，借助大型活动或是其他人群聚集区协助开展调查工作。可以在村（社区）群众聚集地区开展集中式的访谈及问卷调查工作。第四，做好调查工作的保密工作及告知工作，获取被调查对象的信任。在收集信息过程中做好调研工作的身份介绍、目的介绍，以及调研的目的和意义介绍，获取被调查对象的信任和支持。

4. 如何选择合适的调查方法

社会调查的方法多种多样，要根据调研的主要任务和需要收集的信息，选择最便捷、最快速、最有效的收集资料和信息的方式，同时要选择社工能落地执行操作的方式进行。

以下简述几种比较适用社工站开展调查工作的方法（见表5-2）。

表5-2　社工站开展调查的主要方法

调查方法	优势	劣势	适用环境
文献法	● 相对快速便捷 ● 能在较短的时间内对区域或是专项议题有一个整体的认识	● 无法感知具体情况 ● 受到现有基础文献资料现状的限制	适用于辖区基本情况、政策文件、服务档案
观察法	● 通过观察可以直接获取信息资料 ● 能直接观察自然状态下的比较可靠的社会现象 ● 获取的资料及时生动	● 受观察者自身限制 ● 受时间空间限制 ● 受观察对象的状态限制	以固定时间周期为发展变化的专项议题

续表

调查方法	优势	劣势	适用环境
访谈法	●灵活性比较大，可以根据现场的态度或是内容获取更多深度信息，允许访谈者进一步探讨和临时提出增补问题，能够提供有关参与者主观视角和思考方式的信息 ●结构式的访谈能为研究者提供需要的确切信息，能及时快速回应，并且有较高的回收率	●个人访谈的费用通常比较高，也比较费时 ●访谈者可能因为期望表现良好、缺乏访谈训练、个人的主观意向大、忘记等各类问题，收集的信息的可信度不一定很高 ●访谈的匿名性比较低，访谈的内容逻辑性或者严谨性比较低，对于后期的信息处理难度比较大	比较适用对议题相关的关键人物的信息收集，如对社工站分管领导的访谈等
问卷法	●能比较利于大规模的信息收集；方便实用，省时、花钱少；由于可以不署名，在某种情况下结论比较客观 ●便于整理归类，能进行量的统计处理，使调查结果具有一定代表性	●问卷中的问题不明确或题量过大，或被调查者不合作都会影响结论的代表性 ●应用范围较广，搜集的资料往往是表面的，还不能深入了解深层次的内心世界的真实情况	适合验证某类群体的服务需求或是对某项服务的参与程度等客观情况的规模调查
焦点小组	●能比较快速地了解辖区关键人物对于重点议题的相关信息 ●比较高效地了解与议题相关的有效信息，同时利于参与者进行深度的交流和讨论	●要求参与者对于焦点问题的认知度和参与度比较高，增加对于社工组织召集和话题引导的挑战难度 ●话题的信息产出受参与者的水平影响，不一定具有客观性	适用于对每个专项问题或是服务进行专项深度讨论和交流

三、调查报告撰写与运用

（一）调查报告撰写的原则

在对调研信息进行归类整理后，就可以撰写调查报告了。调查报告是用文字的方式，简要呈现所调查的信息和结论，为社工站建设运营提供重要指导依据。报告撰写可以遵循以下基本原则。

1. 客观性

调查报告是社会调查信息的整合呈现，不是凭空臆想的产物，而是通过调查得出的客观事实的依据，所以在报告中呈现的是通过社会调查得来的客观事实，具有一定的客观性。收集相关信息也是以客观事实信息为主，以主观信息收集为辅。同时，对于调查对象的主观意图，也尽量以客观事实为依据进行呈现。如调查中显示，80％的人认为辖区的公共区域收费不合理等。

2. 真实性

调查过程中收集的素材资料要保证其真实性，不能虚报、谎报相关的情况。调查员在调查过程中应学会及时做好调查的说明工作，并合理保障调查信息的真实性。调查报告是建立在对调查原始数据的如实统计和分析上的真实性呈现。

3. 逻辑性

社会调查带有一定的目的性。调查报告的撰写最终要回应相关的问题。一般在调查报告的撰写上要体现一定的逻辑性，不能凌乱无序。比如，需求调查报告的撰写可以按照基本情况、辖区资源分析、辖区主要需求、社工站服务意见等方面展开；也可以按照现状描述、原因分析、服务建议等方面展开。

（二）撰写调查报告的四个要素

一提到报告写作，许多人总是担心自己写作文笔不行。其实，调查报告不是文学创作，社工大可不必把自己当成作家。一般调查报告等通常有四个要素：主旨、素材、结构、语言。理解四要素，有助于社工更好地开展基于实践的写作。

1. 关于主旨

调查、总结或表达观点前，应先提出关键问题，就是回应最初开展调查研究的主要目的。社会调查是一个过程，调查报告就是要回应开展社会调查的这个问题。观点、现实基础对于解决什么问题很有效，在什么场景下可以发挥作用。要解决的问题、发挥作用的场景清楚了，实践经验、观点的特点价值就清楚了，报告的主旨立意就鲜明了。如需求调查的开展就是要摸清辖区的核心公共性问题以及服务对象群体的核心需求，那调查报告就要回应这个问题。调查报告只要把辖区的核心需求说清楚，并能根据现实情况提出社工站可操作、可执行的服务建议即可。

2. 关于素材

要找到好的、适合的素材。报告写作的素材不是你"想"出来的，而是你"找"出来的，即调查出来的。调查报告的内容是所有素材信息的整合处理，将素材进行符合逻辑的归类整理即可。如需求调研中，针对老年人在情感关怀、居家陪伴、健康医疗、精神娱乐、生活照料等方面的需求，需要根据需求情况得出老年人在某类需求上的缺失，并提出相应的建议。

3. 关于结构

不是把收集调查的或者实践做出来的所有东西都一股脑儿放进去，而是要根据调查的目标，把要撰写的内容，有选择地、用合适的逻辑结构直观呈现出来，这就是报告结构。可以参考是什么、为什么、怎么办的结构思路，根据调查的主体和内容进行具体化的呈现。如需求调查报告可以按照调查整体设计情况、调查的结果呈现、调查服务建议等方面进行思考，可以撰写的框架包括调研背景、调研目的、调研对象、调研方法、调研整体情况说明、调研结果分析、调研服务建议等。

4. 关于语言

写好调研报告，文书语言不用多华丽，只要做到朴素、真诚、把事情讲清楚即可。尽量言简意赅，表达核心的关键信息。在做一些大信息的处理时，可以通过柱状图、饼状图等图文量表的方式呈现，会更加清晰简洁。

（三）调查报告运用场景

调查报告是用文字的方式呈现所调查的内容和观点。调查报告是对整个社会调查的重要产出，也是对社工站建设的重要指导依据。主要运用的场景包括两个方面。

一是适用于早期服务规划定位的研讨会议或汇报场景，是获取相关利益方支持协助的有效工具。有效的调查报告能清晰地说明核心问题，并提供解决问题的相关服务建议，同时能提供调查过程中的事实依据作为佐证材料，便于相关利益方理解开展社工站服务的必要性和专业性，达成辖区的服务规划定位的共识，为多方协作创造有利条件。

二是适用于项目评估会议场景，是相关利益方进行项目成效测评的对标工具。通过查阅调查报告能比较清晰和快速地对社工站落地的辖区基本现状有客观的认识，也能真实了解辖区的需求变化程度以及完成的服务情况说明，便于项目相关利益方快速了解和评估服务需求问题的回应情况。

拓展阅读 ....

社工站如何开展辖区需求调查与资源调查

在社工站建设中，调查摸清辖区情况、梳理辖区核心资源、评估辖区需求以及给予社工站规划建议具有重要意义。如何快速有效地组织实施社会调查是社工站社工要掌握的必备技能之一。下面从社工站的实务出发，围绕如何有效开展基层社工站社会调查工作，为基层社工站的服务规划提供参考意见。主要内容集中表现为站点基本情况、辖区基本情况、辖区优势与资源、辖区问题与需求、服务建议等。

一、站点基本情况。主要是对社工站项目的基本介绍，篇幅在 500 字以内为宜。能比较清楚地介绍社工站的建设周期、人员情况、服务领域、服务内容、服务策略、联系方式及服务目的等基本内容。

二、辖区基本情况。辖区的基本情况可以从辖区的政治、经济、文化、位置、人口等方面收集信息。这方面的信息基本可以通过文献查阅、网络收集以及政府的相关对口部门进行详细信息的收集。政治方面，主要收集辖区的政府组织架构图，重点梳理民政部门在四大领域的主管部门以及下设村（社区）的分管人员的联系方式，辖区内在教育、医疗、养老、社会救助等公共服务领域方面的单位情况、地区位置、人员情况、政策福利等方面的信息。厘清四大领域相关的政府部门的工作职责和关键联系人。经济方面主要收集辖区的主要经济水平、核心产业情况、领头企业等情况。文化方面主要收集辖区的区域文化特色，以及主要依托文化输出的企业、社会组织以及文化产品等。位置方面主要包括市区县村的各地的区域分布图，以及区域之间的交通情况等。人口方面主要包括辖区人口基本数量、结构、文化水平、少数民族情况等；重点收集辖区社会救助领域、为老服务领域、儿童关爱服务领域、城乡社区建设领域中服务对象，如低保、特困、"三留守"、残疾人、妇女、事实无人抚养儿童等人员的基本情况，包括人员名单、福利政策、政府服务提供情况等，以及辖区社会组织登记情况，提供主要服务内容情况等。通过这些信息的收集，梳理辖区的整体环境、人文环境以及社工站服务对象和相关利益方的基础情况。

三、辖区优势与资源。社会资源是稀缺的，辖区社会资源的多少影响后期社工站服务的开展。在社会调查中，有计划、有意识地识别和挖掘辖区资源是社工必备的能力，也是调查报告重点梳理的内容。凡是涉及社工站建设的相关利益方资源都要收集，凡是有利于社工站服务推动的有利因素都可以是区域优势。资产为本的社区发展模式是当今众多社区发展新模式的一种。其中，社区资产可划分为个人资产、社区组织资产、社区团体及部门资产和自然资源及物质资产四大类。

四、辖区问题与需求。综合关键人物访谈、服务对象调研、二手资料分析以及走访观察等获得的信息，可以分四个领域进行阐述，列出每个领域发现的主要问题，并用调研所得的素材作为证据支撑，配以数据和图表进行说明。

五、服务建议。服务建议主要是社会调查之后，根据社工站基本情况、辖区基本情况、辖区资源与优势、辖区需求与问题的服务脉络，给出后续的服务定位、服务主题、服务对象、服务策略、服务资源、服务内容等方面的建议，既要有框架，也要有具体指向，还可以将四个领域的问题需求进行整合性回应。

第6章

活学活用三大方法

社会工作的三大方法包括个案工作、小组工作和社区工作，是为实现社会工作宗旨而建立的一套系统化的专业活动，包含专业知识和专业技术。

第一节　如何运用个案工作方法

个案工作是指运用专业的知识、方法和技巧，通过个案工作服务的程序，帮助有困难的个人或者家庭发掘和运用资源，改善其社会功能并促进其与社会环境相互适应的专业服务活动。本节从认识社会工作和基层社工站常见个案种类出发，结合个案工作中个案管理在困境儿童家庭的运用，帮助基层社工更直观地了解什么是个案工作，学习和掌握个案工作的相关知识。

一、认识个案工作

（一）什么是个案工作

个案工作通过专业社工来帮助有需要的个人和家庭，通过一对一的服务，解决他们在物资匮乏、精神痛苦、人际关系疏离以及因环境和社会结构性问题而带来的各种困扰与问题，从而促使其提升社会功能，增强分析和解决问题的能力，更好地融入社会生活[①]。

（二）个案工作与个案管理的区别

个案管理是在个案工作过程中，专门针对具有复杂和多重问题的个人

---

① 王思斌 . 社会工作导论 [M] . 2 版 . 北京：北京大学出版社，2011.

与家庭，通过个案管理者对服务对象的问题、需求和可利用的内外资源的评估，确定和实施干预救助计划，并结合相关机构、人员等资源进行全过程的协调、整合与监测，使服务对象能获得及时、有效与合理的救助。概括地说，个案管理是一种整合式社会服务方式和社会工作方法[①]。个案工作与个案管理的差异见表 6-1。

表 6-1　个案工作与个案管理的差异

	个案工作	个案管理
服务对象	1. 问题单一 2. 所需解决问题资源单一	1. 问题较复杂 2. 不同领域的资源、服务
服务提供者	专业社工	不同专业、不同领域人员
社工角色	使能者、治疗者、咨询者	协调者、倡导者
服务的目标	解决服务对象面临的问题，提高适应社会和自我解决问题的能力	强化发展资源网络满足服务对象需求，提高服务对象使用资源的能力

二、基层社工站中的个案工作

（一）基层社工站个案工作常见类型

基层社工站以民政领域工作为主要服务内容，主要包括社会救助、为老服务、儿童关爱保护和社区治理四大领域，所接触的服务对象多为困境（留守）儿童、困境老人和残疾人等社会救助对象，涉及城乡低保、特困供养、临时救助、医疗救助等方面。所以，基层社工站常见的个案也大多产生于这些困难群体，主要包括困境（留守）儿童个案、困境老人个案、青少年心理行为矫正个案、婚姻和家庭关系调解个案、残疾人个案等种类。

面对如此之多的个案种类，对主动求助的个案服务对象，社会工作者从生理功能、心理功能和社会功能三个维度进行综合预估，将具有同类型问题的服务对象的困难分为"特别困难""比较困难""一般困难"三个等级，再根据分级对困难较严重的服务对象进行优先服务。对于外展服务

---

① 全国社会工作者职业水平考试教材编委会．社会工作综合能力：中级［M］．北京：中国社会出版社，2022.

对象，社会工作者进行初步评估后，再结合社工站现有服务及能够调动的资源，选择符合社工站服务范围的服务对象进行服务。对不在社工站服务范围的服务对象则选择转介。

（二）新手社工如何学习实施个案工作

新手社工在进入基层社工站之后，首先要与街道（社区）民政专干建立好关系，为入户走访挖掘服务对象做好准备，并定期与专干进行沟通，了解重点民政对象的情况；其次，在个案开展前，要做好专业知识的积累，明确接案前期如何挖掘识别服务对象、接案后如何分析服务对象问题、制订服务计划，服务过程中如何运用专业知识和服务技巧，以及结案后社工如何做好评估和跟进工作；最后，为更好地帮助新手社工开展个案，社工站一般采取成功案例分析解读、以老带新、督导传授经验和定期培训的方式帮助新手快速掌握个案工作服务技巧。在此过程中，新手社工自身要做好知识总结反思、主动提问、边做边学，形成"实践—总结反思—学习—制订下一步行动计划—继续实践"不断循环往复的学习实践过程①。

三、个案管理在困境儿童家庭的应用

（一）挖掘服务对象，建立关系

基层社工站个案基于基层民政社会工作服务，扎根于基层民生服务可持续发展，从基层民政工作服务对象排查、入户调查和政策宣传入手，将各类民政对象分层分类建立档案，再根据档案开展城乡低保、特困供养、临时救助、医疗救助对象的复核排查，社会工作者一旦发现有家庭经济情况、居住条件、身体状况及家庭成员的就业、收入存在困难的情况，便会协同社区专干深入其家庭和周围生活环境，收集核实服务对象的信息，主动与服务对象建立关系。

---

① 刘文贤．乡镇（街道）社工站新手社工如何体现出"专业性"［J］．中国社会工作，2021（15）：38-39.

案例分享

社会工作者在一次 L 社区城乡低保排查中，发现邹×一家家庭情况特殊，多次申请低保未果。在初步了解情况之后，社会工作者和社区专干通过上门向邹×家人了解情况。得知家里因为有一套三间平房，低保申请面临困难。但家里确实困难，邹×外公外婆无社保，还要照顾邹×等三个上学的孩子和两个年过 90 岁没有行动能力的老人。邹×父母离婚，母亲再婚后继父去世，因此母亲外出打工，无一技之长，工资低，也基本上不与家里联系。三个孩子一个上初中、一个上小学、一个上幼儿园，全靠外公在外做小工维持。为节省开支，外婆手受伤疼痛浮肿都舍不得去医院，靠吃止疼药缓解疼痛。邹×性格内向，不爱讲话，学习成绩很差、厌学，因此外婆对三个孩子的生活问题和邹×的心理健康很是担心。

（二）做好前期预估，明确需求

针对问题较复杂的服务对象，社会工作者应围绕服务对象的问题，充分尊重服务对象自决和服务对象参与，同服务对象一起对收集到的资料进行预估诊断，对服务对象问题产生的原因、造成的影响作出分析判断：了解服务对象问题对服务对象和家人造成的影响；梳理服务对象主要的社会关系；了解服务对象对自身问题的认识、态度；发现消除服务对象问题的主要阻力，并尝试寻找可利用的资源，实施有效的干预途径和方法[①]。

通过问题预估诊断，确定该服务对象及问题是否符合机构的服务范围，以及社会工作者是否有能力胜任。如服务对象问题超出机构服务或者社会工作者能力范围的，则要实施转介。如确认服务对象及问题没有超出范围，则可以准备进入目标的设定和计划阶段。

---

① 李培林，王春光．当代中国社会工作总论［M］．北京：社会科学文献出版社，2014.

案例分享

1. 家庭情况：服务对象母亲在与其父亲离婚后，再婚生下现在的两个妹妹，后继父病逝，其母亲外出打工，如今服务对象 14 岁，其大妹 7 岁、小妹 5 岁，因母亲不在身边，只能一直随外祖父母、曾外祖父母一起生活，缺少母亲的关心与陪伴。

2. 经济状况：服务对象母亲常年在外打工，无一技之长，工资不高，几乎不给家里寄钱。外婆因为照顾一家人也无法外出做事，孩子的学费和家庭的开支全靠外公在外做小工维持，家里经济困难。

3. 学业情况：邹×正在上初中，因家里外公外婆文化程度低无法辅导学业，学习上困难累积造成学习成绩很差，尤其是数学成绩差，困难问题长期得不到解决，循环往复产生了厌学情绪。

4. 心理表现：性格内向，不爱讲话，因学习成绩不好存在自卑心理。

（三）确立目标，制订计划

在计划制订中，社会工作者会再次邀请服务对象加入，依据任务中心模式，协助服务对象将有待解决的问题列出，并根据轻重缓急进行排序，选出其希望最先得到解决的问题，然后根据问题对应确定服务目标，从而制订服务计划，将服务的推进时间、形式、所需要的资源等列出来，形成整合式服务。计划内容主要包括：确定服务的需求及目标，包括总目标与各阶段性目标；选择达成目标的途径与方法，包括所需要的社会资源、实施的具体步骤与方案；确定目标达成后评估的方法与标准。

案例分享

1. 社工重述问题：社工在约定的时间再次来到邹×家，与邹×和其外婆进行面谈交流。社工从其家庭情况、经济状况、学业情况和心理表现几个方面澄清问题，并将主要问题重述给邹×和其外婆听。

2. 服务对象列出急需解决的问题：社工将问题重述之后，要求邹×与其外婆一起商量讨论，然后在纸上将问题解决的优先次序列出来，并写出目前最想解决的两个问题。经过两人的讨论，最终排出的顺序是：经济困难、学业问题、家庭关系和心理问题，并要求先解决家庭经济困难和学业问题。

3. 澄清服务对象期待：最后社工对于服务对象的期待再作一次澄清，告知其服务之后可能达到的结果，避免服务对象有过高的期待。

（四）协调资源，用于服务

在此阶段，社会工作者要将能够帮助服务对象解决问题的资源进行链接和整合。政府层面，加强与民政部门的联系，熟悉了解相关的社会救助政策，并将政策与服务对象的问题进行匹配，然后向街道、社区专干了解相关社会救助的申请程序，对符合申请条件的服务对象则协助其准备申请材料，并向社区递交申请材料完成申请。对不符合条件的服务对象，向其耐心解释政策内容，并通过机构内部渠道和发动其他站点同事，形成"总站协同+分站互助"的模式，寻求基金会、企业、培训机构和心理机构的资源，以帮助服务对象缓解实际困难，满足服务对象需求。

案例分享

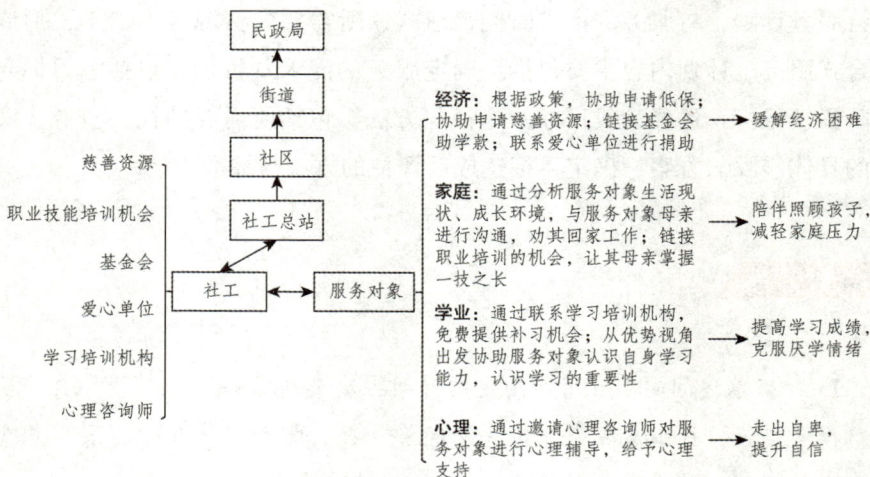

经济：根据政策，协助申请低保；协助申请慈善资源；链接基金会助学款；联系爱心单位进行捐助 ➡️ 缓解经济困难

家庭：通过分析服务对象生活现状、成长环境，与服务对象母亲进行沟通，劝其回家工作；链接职业培训的机会，让其母亲掌握一技之长 ➡️ 陪伴照顾孩子，减轻家庭压力

学业：通过联系学习培训机构，免费提供补习机会；从优势视角出发协助服务对象认识自身学习能力，认识学习的重要性 ➡️ 提高学习成绩，克服厌学情绪

心理：通过邀请心理咨询师对服务对象进行心理辅导，给予心理支持 ➡️ 走出自卑，提升自信

（五）进行评估，结束服务

随着个案管理服务计划的实施，在获得有效资源和专业服务的帮助下，服务对象所面临的困境得到改善、问题逐步得到解决。针对整体的服务效果、目标达成情况、服务对象问题的改善及服务对象的满意度，服务中社会工作者的表现、专业方法的运用和资源利用的情况，从社工自评、服务对象评价和机构评估等方面进行评估。

1. 社工自评

社会工作者通过撰写个案工作结案报告，填写个案服务套表，对个案过程阶段及效果，个案工作目标、计划的完成进行总结，并对个案的成效和不足进行反思。

2. 服务对象评价

在个案结束后，机构通过面谈、问卷调查或者电话回访的方式向服务对象及家人收集对目标达成情况、社工服务表现等方面的满意度。

3. 机构评估

机构常常通过督导的形式对社工整个个案服务过程进行指导和建议，并对社工专业方法和技巧的运用、个案目标的达成和服务对象问题的改善作整体的评价。

四、个案工作进阶学习与运用

新手社工可以先通过个案管理的运用过程，学习个案工作的流程、个案收集资料、会谈、记录、评估技巧，尝试激发服务对象参与动机，同时内化社会工作价值观，在此基础上可以根据服务对象特点，选择一个以上个案工作模式进行深入学习，并对其他模式有基本了解，以便综合运用。

以本节分享的案例进行拓展讨论，如邹×日常协助家人照顾两个妹妹，可以从优势视角或增能视角出发，发掘其内在优势为吃苦耐劳、有责任感，进而邀请其协助开展志愿服务，并对她的表现给予及时赞赏，可以使其增强自信，性格也会变得外向。

如邹×表示自己并非性格内向，只是因为家庭环境和氛围而不愿意与家人讲话，则可以从家庭生命周期理论出发，链接资源对其与妹妹共用房间进行改造，隔出相对独立的空间，满足青少年对自主性的要求，可以容纳自己的私密及学习不受打扰。也可以从萨提亚家庭治疗模式出发，要求包括母亲在内的家庭成员共同参与家庭会议，改变对当前困难的应对方式。例如母亲考虑返乡工作，虽然工资降低，但租房及生活支出减少，每月既可有结余，也能陪伴与照顾家庭。

如邹×有比较严重的心理困扰，且心理困扰与成长经历、家庭状况，尤其是外公外婆的负面情绪输出有关，则可以运用心理社会治疗模式，一方面帮助邹×探索、描述、宣泄心理困扰，接纳自身及家庭的不同，正确面对与外公外婆及母亲的关系；另一方面可以着重帮助外公外婆处理负面情绪，既可以运用心理社会治疗模式的反思性治疗技巧和非反思性治疗技巧，也可以借用叙事疗法、生命回顾疗法等，找到自身价值和积极面，从而减少负面情绪输出。

如邹×希望解决学业问题，可以运用生态系统理论，加强其与老师、同学或本村学业好的同伴的联系，为其提供学习支持。也可以运用行为主义，帮助其建立良好的学习习惯，找到适合自身的学习方法，并为其学习进步提供激励。当其一再努力仍无法提高学习成绩时，可以运用理性情绪疗法，改变"学习成绩是决定人生未来的唯一因素"的非理性信念，再运用生涯选择配合理论，发掘自身的优势和兴趣特长，带其参观职业学校、了解各类职业，明确自己的人生规划。

不同的理论、模式、方法、技巧，可以为我们看待人与事、分析问题和解决问题提供不同的视角与思路，增加我们帮助服务对象的智慧与信心，从而可以给予服务对象更为精确、有效的服务。

第二节　如何运用小组工作方法

小组工作又称团体工作，是一种以小组活动形式，由社会工作者策划指导，按照小组工作程序开展活动的社会工作方法。本节主要从认识小组工作和小组工作在基层社工站的运用两部分展开，在帮助社工学习小组工作专业知识的同时，明确小组工作在基层社工站的执行程序，从而更好地学习掌握小组工作。

一、认识小组工作

（一）什么是小组工作

将一群具有共同需求或问题的人组织在一起，通过专业的小组活动过程实现持续性的组内互动来恢复和增强个人的、团体的社会功能，进而实现解决社会问题、促进社会发展的目标。

（二）小组工作的种类①

1. 支持小组

一般是由具有某一共同问题的成员组成，主要通过组员之间彼此提供的信息、建议、鼓励和感情上的支持，达到解决某个问题和促使组员改变的效果。社会工作者的任务是协助组员讨论生命中的重要事件，表达经历这些事情的感受，建立起能够相互理解的共同体关系，达到相互支持的目的。

2. 成长小组

一般用于各类学生及边缘群体的辅导工作，提供机会让组员认识、扩大、改变自己与他人交往中的思想、感受和行为，充分发展组员的潜能，解决存在的问题并促进个人的健康成长。因此，成长小组关注组员本身的成长，强调通过小组过程增强组员的自我察觉意识，发挥潜能，实现自我。

3. 教育小组

旨在帮助组员学习新知识、新方法，补充相关知识的不足之处，改变组员原来对问题的不正确看法，改变问题的解决方式，从而增进组员适应社会生活的能力。小组过程中社会工作者既要重视组员自助，还要重视组员之间的互助，鼓励组员通过讨论和相互学习来提升能力。

---

① 全国社会工作者职业水平考试教材编委会. 社会工作综合能力：中级 ［M］. 北京：中国社会出版社，2022.

4. 治疗小组

组员一般来自那些不适应社会环境或因社会关系网络断裂、破损而导致其行为出现问题的人群。社会工作者在治疗小组中主要是帮助组员了解自己的问题及其背后的社会原因，利用小组的经验交流和分享，辅以一定的资源整合或社会支持网络，以达到对组员的心理和社会行为问题的治疗，从而帮助组员改变行为、重塑人格、开发潜能。

二、基层社工站中的小组工作

（一）基层社工站小组工作常见的种类

在基层社工站，最常见的是以手工活动、唱歌走秀、球类运动、绘画等形式组成丰富服务对象精神娱乐生活为主要目的的兴趣小组；再者就是以儿童、青少年和老年人为主要服务对象，以新知识学习为主要目的的教育小组；还有较常见的以解决服务对象共同问题为目的、搭建支持网络的支持小组和帮助服务对象提高自我认识、实现自我提升的成长小组。

基层社工站在实施小组工作时主要是结合每个站点的实际情况和"一站一品"站点特色建设情况，每个站点确定一类重点服务对象，比如老年人或者儿童，然后通过收集重点服务对象的问题需求，设计相关的教育小组、兴趣小组、支持小组等计划进行服务。

（二）新手社工如何学习实施小组工作

新手社工在实施小组工作之前最重要的是夯实小组工作相关专业知识的学习，掌握小组工作的流程，小组工作每个阶段社会工作者的角色定位、工作技巧和遇到问题后的应对措施。小组筹备期如何招募遴选组员、明确小组目标，尝试制订完整具有可操作性的小组计划书并进行资源的协调；当开始执行小组时，可以请教有经验的同事、邀请督导进行实地指导，或者到其他小组进行观摩学习，总结形成自己的经验，养成"学中做，做中学"的习惯，以更好地适应基层社工站的工作模式。

三、留守儿童安全教育小组在基层社工站的应用

（一）小组筹备期社会工作者需要做什么

在小组筹备期，社会工作者主要从招募遴选组员、确定活动的目标、制订计划和活动资源协调几方面入手，为小组活动的开展做好准备。其步骤如下：一是招募遴选组员。主要以机构自行招募、社区招募两种方式为主，并通过张贴有明确招募要求的海报和公众号来进行组员的招募与遴选。二是确定活动目标。联合社区工作人员对招募到的组员进行访谈，了解其基本信息、需求和生活现状，然后通过分析确定小组目标。三是制订活动计划。社会工作者根据组员的需求、年龄层次、特征等制订有明确活动时间、活动地点和活动内容的详细计划书，并明确活动所需物资、活动中可能出现的风险和应对措施及活动结束后的评估。四是协调活动资源。活动开始之前，社会工作者根据计划书上的内容，协调好活动场地、志愿者资源，并提前布置好活动场地，准备好活动所需的各类物资。

案例分享

武陵社工在 S 社区开展以安全为主题的留守儿童教育小组

小组目标：通过防溺水、防拐骗等安全知识的学习，帮助留守儿童掌握安全知识要点，提高安全自救技能；同时提高监护人和社区对留守儿童安全的重视，共同携手为留守儿童营造安全的生活环境。

活动时间：2021 年 7 月 10—25 日

活动地点：S 社区儿童之家

活动人数：15~20 人（留守儿童）

小组招募方法：1. 通过社工站公众号发布招募信息进行招募；2. 通过联系社区，张贴招募海报来招募。

具体活动内容（节选小组中的一节）：第四节（防拐骗知识快乐学）

活动内容及目的：通过防拐骗安全知识串讲和分组进行防拐骗桌游PK，帮助组员识别拐骗技巧，更好地掌握防拐骗相关知识，提高应变危险的技能。

活动时长：80分钟

名称	时长	目的	内容	器材
课前回顾	10分钟	承上启下	社工邀请组员发言，回忆上次活动，交代这次活动的具体内容、流程、目的	白板、白板笔2支
暖场游戏	15分钟	活跃气氛	社工说：社工发出的口令如果前面有"社工说"那么组员便要执行，口令前没有"社工说"组员则不能执行，如果组员在执行中出现错误，则要接受相应惩罚	
防拐骗知识学习	45分钟	帮助组员学习掌握防拐骗知识	1. 社工通过讲课的形式，为组员普及相关拐骗手段，学习防拐骗知识 2. 社工将组员分成两组，每组6人，分别扮演不同角色完成桌游，进一步巩固所学知识	防拐骗PPT课件、投影仪、电脑、防拐骗桌游2套
总结分享	10分钟	总结本次活动	社工鼓励组员分享本节课的感想，并对本次小组活动的内容及成效作总结，交代下一次的活动时间地点	

（二）小组开始阶段社会工作者需要做什么

小组前期，社会工作者要扮演好组织者、鼓励者的角色。帮助组员认识什么是小组、为什么要开展本次小组、小组需要做些什么、怎样去做等问题，帮助组员进一步了解小组的性质、小组的目标及内容，从而使组员获得更多的归属感。因此，社工要做到如下几点：一是打破僵局。通过设计适合小组玩的破冰游戏，如"击鼓传花""数字炸弹"等，达到迅速活跃小组气氛的目的。二是澄清小组目标。社会工作者和组员一起讨论小组目标，将目标清晰地传达给组员，并就此达成共识。三是制定小组规则。

社会工作者通过鼓励组员发言，让每一位组员都参与小组规则的制定，增加组员对小组的认同感和归属感，从而更好地遵守小组规则。

案例分享

教育安全小组开始第 1~2 节，社工通过游戏、制订小组规则和自我表露等方式帮助组员打破僵局，相互认识，获得小组归属感。

（1）打破僵局，相互认识。在安全教育小组开始时，社工通过游戏"名字接龙"从社工自己开始依次进行自我介绍，鼓励组员大声说出自己的名字、年龄和爱好，让大家相互认识；然后社工通过破冰游戏，活跃组内气氛，进一步加深组员之间的互动。

（2）认识小组，共同制订小组规则。社工首先向组员说明本次安全教育小组的性质和内容，让组员初步了解参加小组主要做什么。其次，鼓励组员一起讨论制订小组规则，以大字报的形式写下规则张贴到教室墙上，以此来增加组员对小组的归属感。

（3）帮助组员建立信任关系。社工通过自我表露、倾听组员发言和积极回应的技巧主动与组员进行沟通，引导组员积极发言。同时，为其他组员做好示范，让他们在沟通交流中拉近彼此的关系，建立相互信任的关系。

（4）完成前测问卷，为评估做准备。针对防溺水安全知识、防拐骗安全知识、居家消防安全知识和暑期交通安全知识，社工设计了一套问卷，主要是收集组员在学习之前对这些安全知识的掌握情况，为之后小组结束评估做好准备。

（三）小组过程中社会工作者需要做什么

此时小组处在一个转折期，组内会出现组员参与活动不积极、不愿与其他组员进行交流的情况，或者因为组员间的进一步熟悉，有些比较积极的组员过度表现自己，出现破坏组内秩序、打破小组平衡状态的情况。此时社会工作者要做到：一是协助组员回顾小组规则，重建小组秩序；二是重温小组目标，明确小组前进方向；三是调整活动内容，提高组员参与度和参与活动的积极性。

案例分享 ··

在安全教育小组开展过程中，社工针对小组内部出现的一些问题有针对性地采取了相关措施：

（1）回顾规则，重建秩序。社工带领组员一起回顾小组规则，并要求大家一起朗读、背诵，并设置积分奖励制度，对于表现积极的组员给予适当积分奖励，对于不遵守组内规则的组员则通过扣除积分的方法帮助重建组内秩序。

（2）引导内向组员融入小组，与其他组员建立联系。社工在组内发言时，则会主动点到该组员的名字，让他在第二个或者第三个进行发言，然后对其发言进行细致的点评，给予反馈，帮助其增加自信心；在游戏环节，社工则会通过分组互助的形式，让其和其他组员有更多的互动，通过共同的努力来达成一个目标，从而增加该组员参与小组的积极性。

（3）适当调整活动，增加趣味性。因为安全知识教育小组都是一些比较枯燥的知识学习，形式重复的活动难免让组员失去耐心。因此，社工在组内收集了组员对活动形式和内容的建议，然后将组员的建议融合到活动中，将知识与游戏相结合，寓教于乐，并通过设置奖品的形式提升组员参与的热情。

（四）小组结束阶段社会工作者需要做什么

在小组结束阶段，组员可能因为不舍小组的分离，产生一些负面情绪，如否定小组结束的事实、出现一些倒退行为等。因此，社会工作者需要：一是协助组员巩固已学知识。通过知识回顾、组员自行设计组织相关活动来将认识转变为行动，肯定自身的改变和提升。二是处理离别情绪。社会工作者可通过举行告别晚会、赠送纪念册等形式处理组员产生的消极情绪，帮助组员做好离开小组、回归现实生活的准备。

案例分享

　　在小组的结束阶段，社工通过设计情景模拟、角色扮演、知识抢答赛等帮助组员巩固已学安全知识，并通过赠送纪念册和留言等帮助组员处理离别情绪，更好地回归生活。

　　（1）协助组员巩固已学知识。社工通过设计情景模拟，要组员现场进行角色扮演，并用所学的安全知识解决情景中遇到的问题；另外，设计安全知识抢答赛，让组员通过抢答赛的方式巩固知识点，并通过布置家庭作业的方式，让组员回家与监护人一起进行安全知识快问快答，拍照在群内进行打卡，来帮助组员及其监护人进一步提高安全意识。

　　（2）处理离别情绪，回归现实生活。社工为每一位组员送上一本精心制作的纪念册，里面有组员从参加小组到结束的所有照片和社工的寄语，并让组员交换纪念册互相留言，以寄语的形式缓解组员不舍的情绪。最后，告知组员我们以后还将开展类似的活动，到时候欢迎他们来参加。

　　（3）填写后测问卷。将之前的问卷再次发给所有组员填写，以此检验每位组员对所学安全知识的掌握情况。

（五）社会工作者如何进行小组评估

　　在小组结束之后，社会工作者采用服务对象满意度、组员参加活动前后对相关知识的掌握情况以及小组目标的达成情况几个方面进行评估。

　　1. 服务对象满意度

　　在小组结束后，社会工作者通过问卷、访谈，从对小组内容的满意度、对社会工作者服务的满意度等方面对组员及其监护人、社区等进行满意度收集。

　　2. 组员参加活动前后对相关知识的掌握情况

　　主要通过服务对象前后改变对比、目标完成情况自评等方式进行评估。图6-1是通过对比分析组员在小组开始前填写的前测问卷和小组结束后填写的后测问卷，从而判断组员对所学知识的掌握情况，来判断小组活动成效。

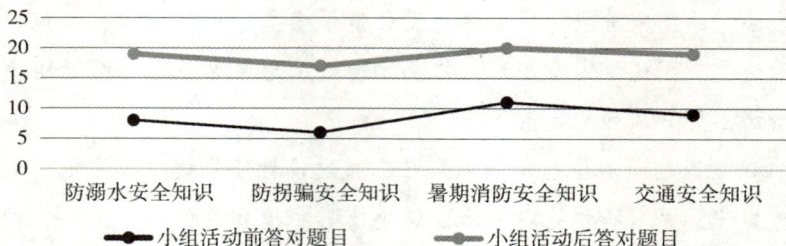

图6-1　S社区安全知识教育小组活动前后组员知识掌握情况对比

3. 小组目标达成情况

社会工作者针对小组内容的设计、小组执行中社工专业技巧的运用、组员的参与度，结合服务对象满意度和目标达成情况等进行总结反思。

四、小组工作的进阶学习及运用

新手社工通过开展兴趣小组、教育小组等相对容易操作的小组，可以学习到小组工作应用的基本流程，对于组员的沟通互动、关系变化、冲突矛盾等有了一定的处理经验，可以进一步学习小组工作的有关知识，逐渐熟练开展成长小组、支持小组和治疗小组。

一是小组模式方面的知识。小组工作有互动模式、发展模式、社会目标模式和治疗模式，分别关注促进组员互动、激发组员社会功能、提升组员社会责任和社会能力、解决组员心理及社会问题等方面，可以结合小组的类型，为社会工作者运用小组找准方向及重点。

二是小组设计方面的知识。有趣且有意义的小组环节设计，可以使组员有序和积极参与，更好达到小组目标。因此，社会工作者可以考虑学习一些历奇辅导、拓展训练、论坛剧场等方面的知识与工具，将体验式教育的理念与小组工作设计与带领结合起来。

三是小组带领方面的知识。一方面要继续学习小组动力学方面的知识，更熟练打破开始期的尴尬局面和转折期的冲突与抗拒；另一方面要学习小组引导解说技巧，例如先封闭后开放的组合提问（如先问对自己表现是否满意，再问为什么）、动态回顾循环引导技巧（亦即 4F 解说技巧：事实—感受—发现—将来），促使小组成员将小组经历变成收获。

四是其他相关理论知识。找到各类理论与小组工作平等参与、接纳肯定、互动改变的功能特点的"结合点"，可以发挥出更有张力的"组合技"效果。例如，性别视角社会工作、社区发展模式等对于贫困女性互助脱贫小组，叙事疗法、增能视角对于失业人员工作动机激发小组，认知行为主义对于各类教育小组等，均有一定指导价值。

第三节　如何运用社区工作方法

社区工作是社会工作的一种基本方法，以社区和社区居民为服务对象，通过确定社区问题与需求，动员社区资源和社区参与，有计划、有步骤地预防和解决社区问题，调整或改善社会关系，减少社会冲突，培养自助、互助及自决的社区合作精神，提升社区凝聚力，培养参与意识能力，以提高社区治理和社区服务水平。

一、社区及社区工作认知

（一）什么是社区

目前我们所说的社区是党和政府传递、落实政策和了解民情的最基层自治单位，是指一定区域内能有序进行人流、物流、信息流、能量流、资本流等优化配置，提升居民生活质量的时空平台，是由若干个个体、群体和组织及资源等构成的生产、生活生态体系。"社"是指相互有联系、有某些共同特征的人群，"区"是指一定的地域范围。所以，"社区"也可以简单地说是相互有联系、有某些共同特征的人群共同居住的一定的区域。

社区具有下列特点：一是强调居民是社区人口的主体，这也是社区得以保持相对稳定的人力资源；二是强调居民之间在居住环境、卫生、文化活动、教育、治安和社区参与等方面的互动关系；三是强调文化维系力的作用，即居民之间因相同的利益和社会分层而产生的对社区的认同感和归属感；四是强调地域共同体和地缘关系的特征。

（二）什么是社区工作

社区工作有广义和狭义之分。广义的社区工作是指在社区内开展的以提高社区福利、促进社区和社会协调发展的社会服务或社会治理。因此，任何人或组织，包括政府、政党、各种社团以及企业等，只要在社区内从事助人活动和服务，都可视为社区工作。

而狭义的社区工作则是社区社会工作的简称，特指专业社会工作机构及社会工作者关于社区工作的理论、方法、技能及其应用过程。作为专业社会工作的重要组成部分，社区工作主要以社区和社区居民为工作对象或服务对象，通过专业的社会工作者的介入，旨在确定社区的问题与需求，发掘社区资源，动员和组织社区居民实现自助、互助和社区自治，化解社区矛盾和社区冲突，预防和解决社会问题，从而促进社区服务质量、福利水平的提高和整个社会的进步。

二、基层社工站中的社区工作

（一）社区工作基本模式

社区工作的模式是指按照一定的规律，对社区工作的各种要素进行科学的配置和组合，形成相对稳定的工作模型和样式，分别是：地区发展模式、社会策划模式、社区照顾模式。

1. 地区发展模式

主要观点：提高居民的民主参与意识，挖掘、培养当地人才。鼓励居民关心、了解本社区问题，进行讨论，采取行动。通过自助、互助去解决社区问题。常用于问题比较简单的社区，较少引进外来资源。

介入方法：进入社区—发掘社区资源—建立和发展居民组织—促进居民共同参与。

2. 社会策划模式

主要观点：是一种由上而下的方法。依靠专家的意见，通过有关专家的调研、论证、计划，然后落实、推行，去解决社区内的问题。居民只限于对计划提出一些修改意见，参与比较被动。常见于处理复杂的社区问题。

在我国主要应用领域：社区资源开发的规划；社区基础设施的规划；社区服务设施的规划；社区组织建设的规划；社区文化价值建设的规划。

3. 社区照顾模式

主要观点：强调社区的责任与非正式照顾的作用，认为社区有助于服务对象保持较好的独立性和自主性，社区内也有家人、亲友、邻里、志愿者等丰富的非正式资源，可以培养相互关怀的精神，补充正式服务系统的不足，让服务对象在社区就可获得有效的照顾。

介入方法：整合社区非正式照顾资源，如组建志愿者队伍、服务对象自助小组；充实和链接正式照顾资源，如社区日间照料中心、社区卫生室、物业公司等，并为家庭照顾者提供服务，如喘息服务、技能培训、居家改造等。

（二）开展社区社会工作服务

社工进驻社区之后，应首先拜访社区关键人物，了解社区的基本情况、社区资源和社区问题；然后根据情况，运用社区工作模式和技巧，进行分析并制订社区工作计划，注重居民参与，共同推进社区行动与社区改变。

1. 建立关系

秉持"敬—近—亲—情"四步走的过程，与社区居民、社区机构与社会组织、各界代表人物、知名人士建立关系。可以从拜访社区的重要人物和社区机构入手，也可以举办利于居民的活动来得到居民的接纳。

2. 收集资料

建立关系之后的工作是收集资料及社区分析，深度研究、了解社区的社会现象和社会问题，寻求解决问题的方法。社工需要收集社区基本资料，探寻社区内的资源，分析社区共性问题与各群体需要，并在这个过程中，找准初步介入社区的方向，找到潜在的共同行动联盟，变"为居民服务"为"与居民一起工作"。

3. 制订计划

在建立了良好关系、收集并分析全面信息资料的基础上，有目的地制订行动计划与程序；协调团体和社会成员的力量，使工作避免不必要的重复与冲突，提高服务质量与效率。

4. 社区行动

社区行动可以采取项目化运作方式，能够最大限度调动与使用资源，在规定周期内达到一个具体目标。社区行动应是因地制宜、丰富多元的。以农村高温干旱问题为例，可以通过整修村落供水系统，将村民有效动员起来，培养"大家的事情大家做"的社区意识与协商行动能力；也可以开发和开放纳凉点，用公共空间凝聚群众；或者组织"特色泼水节"，为用水困难的特殊村民送上干净的饮用水。

三、建构社区志愿服务体系

志愿服务是居民参与社会治理的重要途径，志愿组织的组建和志愿服务体系的建立是推动社区志愿者事业发展的关键。

下面以长沙县开慧镇社工站实践探索为例，介绍社区志愿服务体系的构建。

针对志愿服务供需不平衡、联络不畅等难题，开慧镇社工站协助基层政府瞄准社会需求，运用社会工作专业手法重新搭建志愿服务体系，转变政府服务职能，以邻里互助的方式解决村（居）民面临的生活、关系等困境，促进社区融合，增进邻里关系，激发居民的价值感和获得感，积极培育社区社会组织和开发志愿服务项目，将志愿服务精准输送到有需求的地方。

（一）了解社区志愿服务基础

开慧镇位于长沙县北部，地处长沙、平江、汨罗三县（市）之交。镇域总面积 122 平方千米，辖 8 村 2 社区、335 个村（居）民小组，总人口 43797 人。

社区志愿服务体系缺失主要体现在以下三点：第一，事务繁忙，年龄偏大，思想保守传统。开慧镇是典型的新农村地区，既有村民自建住房，又有拆迁安置房、市民下乡点、集镇集中居住点等多种形式，人员结构相对较为复杂，而常住人口只有 24775 人，村（居）民间互动交流少，归属感和认同感较低，对社区凝聚力提升和有效社区治理提出了挑战。第二，困难群体照顾不足。据了解，针对困难群体，村（社区）除了在重大节日上门慰问、每月定期发放相应津贴、提供免费生活物资外，平时与他们接触较少。究其原因，主要是村（社区）没有那么多的精力和人力形成定期服务机制，如跟踪随访、建立长者健康档案等；同时也缺乏相应解决问题的能力，难以为困难群体建立社区照顾体系。第三，社区志愿服务缺乏良好载体。尽管村（社区）有负责志愿者队伍的专干，但时间精力有限、宣传力度不足，吸收的社区志愿者少，开展活动缺乏。有的村（居）民愿意做志愿服务，无奈不知从何种渠道参与，也找不到组织，难以形成合力。

（二）确定社区志愿服务目标

一是成立本土志愿者服务组织，通过个案、小组、社区活动，让村（居）民自己管理自己，自己服务自己，自己组织自己。

二是通过"社工+志愿者"联动创新社会治理模式，突破社工人员精力不足的局限，发动志愿者参与协助三年服务周期需完成的 30 个个案工作、24 个小组活动（每个不少于 6 节次）、18 场社区活动（其中两个是镇级大型活动），协助民政办开展其他工作。

三是通过"社工+志愿者"联动创新社会治理模式，使有限的社工力量最大化服务全镇村（居）民群众，特别是服务留守儿童 13 人、困境儿童 12 人、孤儿 3 人、残疾人 971 人、低保 321 户 521 人、特困供养 362 户 370 人。

（三）逐步推进志愿服务发展

第一阶段，社工站调查了解辖区服务需求及志愿者资源基础，发起制定《开慧镇志愿者管理办法（试行）》，积极培育发掘志愿服务力量。

第二阶段，推进社区志愿者队伍组织化。社工站有意识地发动和带领志愿者加入服务中，针对部分重点对象开展服务，着力培养志愿者骨干。村庄和社区层面主要以楼栋长、退休老党员、新乡贤、"三长"等村（社区）积极分子为核心力量，建设治安巡逻、公共卫生、便民服务等多元化的社区志愿服务队，多数完成了社区备案登记，形成了相对固定的团队和管理结构。乡镇层面则主要以社工站、青年之家志愿者联合会等枢纽型社会组织为平台，不断整合辖区内社区志愿者队伍，强化对志愿者队伍的指导，推动志愿者队伍能力建设。

第三阶段，在服务中积极开展志愿者能力建设。志愿组织和志愿者逐渐增多，尤其是推进群众文化兴趣类社区组织向志愿服务组织转变，社工站积极开展系列培训和支持，在服务中不断提升志愿者和志愿者骨干服务能力。

第四阶段，分类逐步丰富志愿服务内容和特色。社工站按照志愿者及社区组织领域和特点，设计志愿服务品牌项目，社工站提供项目设计、服务技能及资源方面的专业支持，促进志愿服务项目化、品牌化、持续化，并促进各类组织间建立伙伴关系，完善"社工+志愿者"的服务体系，创新基层社会治理模式。

在这个过程中，开慧镇社工站社工在不同阶段扮演着不同的角色。第一阶段，社工扮演直接服务者角色。社工直接面对服务对象，针对服务对象需求开展相关服务，工作主力是社工。这一阶段志愿者与社工各自为战，互动很少。第二阶段，社工扮演带领者角色。社工逐渐发动和带领志愿者加入服务中，针对部分服务对象的需求开展一些服务，服务内容丰富、规模扩大。此阶段的社工与志愿者密切互动，社工在互动关系中占主动。第三阶段，社工更多扮演支持者、合作者角色。随着志愿者人数不断增多，社会组织尤其是兴趣团体和文娱团队不断涌现，社工联合志愿者和社会组织，共同开展丰富多元的社会服务。此阶段工作主要力量是社工、志愿者和社会组织。第四阶段，社工主要扮演顾问和资源链接者的角色。志愿者队伍不断壮大，形成各种志愿服务组织，逐渐形成志愿服务体系，各种社会组织间良性互动，形成互惠互助、自我服务、自我管理的社会建设氛围。此阶段各类组织间建立伙伴关系，提高社会参与度、推动社会服务、促进社会和谐。

（四）多层面评估志愿服务成效

第一，志愿者数据方面。开慧镇近3年来发展的18支活跃的志愿者组织遍布所有村社，注册志愿者409人，骨干志愿者293位，星级志愿者21

位，累计开展 1000 余场志愿服务活动，志愿服务时长累计 9500 多小时。

第二，志愿者变化方面。一是行为变化：通过参与服务，在疫情防控、环保、文明城市创建等方面协同家人一起配合参与的行为增加，关心身边困难群体的行为增加，20 天为 3632 位老人就近办理养老生存认证；二是技能变化：如志愿者会务服务、长者服务、留守儿童服务专业技能提升；三是知识变化：如老年健康知识的学习，防诈骗知识、婚姻家庭和谐知识、育儿知识的增加；四是价值观变化：从只关注自己利益最大化到看重团体利益的观念变化。

第三，社会认知方面。一是开展活动后，村（社区）常住人口有 80% 的人了解了志愿者；二是了解志愿者的村（居）民对社会工作者和志愿者的满意度为 100%；三是 90% 的村（居）民愿意参与志愿服务，对公共事务从冷漠到关心。

第四，制度改变方面。经过 3 年的摸索，开慧镇成功推出了《志愿服务"板仓爱心银行"管理制度》《关于在开慧镇开展入党积极分子参加志愿服务活动的建议》《参与志愿服务给予 40 元/次的标准发放交通补贴的决议》。

第五，政策倡导方面。负责人当选为市第十五届、十六届人大代表，县第十四次党代表，参与政府决策、咨询、论证等工作，成功向政府提供社会工作等相关的政策建议 13 条，得到有效办理。

第六，社会影响方面。3 年来得到县级以上媒体宣传 189 篇，其中国家级媒体 2 篇，省媒 27 篇（含新湖南、红网时刻、华声在线、《三湘都市报》），市媒 34 篇（掌上长沙、《长沙晚报》），县媒 126 篇（掌上星沙、《星沙时报》、县政府官网）。

第七，资源整合方面。整合民政、共青团、慈善会、红十字会、社会爱心人士等各类资源 100 余万元，缓解了困难群众的燃眉之急。

（五）志愿服务体系建设工作反思

开慧镇"社工+志愿者"志愿服务还处于探索完善阶段，在开慧镇加强社会建设创新社会治理的整体形势下，还面临一些挑战。

一是志愿服务统一协调管理平台需要完善。开慧镇"社工+志愿者"

志愿服务的协调平台尚不统一，虽然看起来"遍地开花"，但实际上是"各自为战"。从归口管理来说，目前社工队伍建设归口民政部门负责，而志愿者队伍建设主要由各级团委、民政部门、志愿者联合会和其他枢纽型社会组织负责。从工作布局来说，虽然目前乡镇社工有相对固定的志愿者队伍，共青团系统"志愿汇"青年之家有志愿者队伍，并且着手系统培养、使用志愿者、建设志愿者队伍，但总体来说"社工+志愿者"志愿服务还只是社工在努力，尚未形成统一的协调、管理平台，社工、志愿者信息未实现交互和共享，存在社工组织协调的能力无处发挥、志愿者想从事志愿服务却无门无路的现象。

二是"社工+志愿者"体系中双方角色定位需要明晰。社工与志愿者双方是一种"伙伴"关系而非领导与被领导的关系，但在服务中这种关系和角色定位还没有真正得到体现。一方面是社工在服务中的专业角色需要进一步明确、专业地位需要得到志愿者的认可和承认；另一方面是志愿者的能力和服务贡献需要得到社工的认可和尊重，而不是被视为"外人""非专业人士"。双方需要进一步明确角色、分工，以更好地发挥各自专长，共同服务村（居）民。

三是"社工+志愿者"合作机制需要持续探索。虽然目前"社工+志愿者"志愿服务项目越来越多、内容也越来越丰富，但项目基本停留在社工带志愿者骨干、志愿者骨干带其他志愿者、志愿者骨干带家庭成员、志愿者队伍服务群众的"初级阶段"，社工在志愿服务中一直处于策划实施、组织领导的地位，志愿者骨干和普通志愿者的能动性、创造性在一定程度上受到了限制，这其实是不利于志愿服务持续、健康发展的。目前双方的合作关系多数是"因人成事"，没有形成固定沟通、联动机制，往往靠社会工作者或志愿者领袖的个人关系，一旦社会工作者工作调整或调动，就会影响整个服务项目的持续开展，"人走茶凉"的情况在实际工作中可能出现，影响双方合作的常规化和可持续发展。

四、社区工作进阶学习及运用

社区的类型不一、基础层次各异、环境多样、人群复杂、问题多元，社区中各类组织、资源的功能特长、合作意愿各有不同，社区居民的"恩怨情仇"、社区意识和参与能力各有层次，因此社区社会工作者要具有开阔的视野和细腻的视角，要有走近群众、团结群众的工作意识，要有社区工作的方法和沟通协调的能力。除了上文案例所举的动员居民和组织志愿者队伍的工作，乡镇社工站的社会工作者还应在以下领域进行学习、探索和运用。

一是社区协商议事与矛盾调解。社区社会工作者要学习掌握开放空间会议技术、罗伯特议事法等协商议事技术，掌握协商会议的筹备、组织、召开与落实等各项流程的重点，学会化解分歧、适当妥协、凝聚共识。综合运用社会工作的会谈技术、矛盾调解的法律法规，动员村社德高望重、善于沟通的人士，整合乡镇司法所人员、公益律师，合法合情合理地调解居民矛盾。

二是社区营造和社区发展。对于逐渐解体的熟人社区和正在发展的陌生社区，社区营造均可从"人、文、地、产、景"等层面入手，通过动员居民恢复或打造公共空间、大众节日，或为解决社区共性问题而采取的共同行动，从而营造"社区感"。对于问题重重、资源匮乏的社区，社区发展注重挖掘社区内外资源，组织和动员社区居民，不等不靠，依托社区"自身力量"来解决社区面临的问题。

三是社区为本的群体服务。针对各类困境人群、边缘人群的社区照顾、社区康复、社区矫正、社区戒毒等社区为本的服务，能够让服务对象有效获得社会支持，融入社区环境，恢复和增强社会功能。社区社会工作者一方面需要开展社区教育，尊重各类居民，尤其是边缘群体在社区独立生活的权利和能力；另一方面要构建和完善非正式支持系统，整合和联结正式支持系统，为他们提供照顾和帮助；还要学习各类群体服务的专项知识，了解他们的需要和特点，有针对性地提供服务。

第7章

怎样做好总结提炼

总结提炼项目的亮点和特色是乡镇社工常常感到"棘手"的一项任务。总结提炼是对一定时期内的实践进行回顾、分析、研究后，从中找出经验、亮点、成效、教训，将其条理化、系统化并形成文字，是能够用于推广、指导今后类似工作开展的文书材料。因此做好工作总结提炼，既能总结服务过程和服务成效产出，也是向利益相关方呈现社工服务价值、保持紧密联系、获取可持续支持的重要工具。近年来，做好工作总结提炼汇报日益成为社工文书工作中的一个重要部分。本章重点围绕如何撰写专业文书和提炼有亮点的总结报告进行阐述，最终达到掌握专业文书撰写过程中提前规划、积累素材、发现亮点、提炼亮点、有效撰写等实际工作方法的目的。

知识链接 ....

社工文书工作的 3 个重要意义

文书工作有利于社工进行专业性反思，使社工不断提升专业能力；

文书工作有利于记录服务过程信息，是服务的佐证依据，也在某种程度上保障社工权益；

文书工作有利于开展服务评估，是对社工服务有效性和价值性的呈现。

第一节　总结汇报的要点和形式

　　总结汇报是对一定时期内的工作加以总结、分析和研究，肯定成绩，找出问题，得出经验教训，摸索事物的发展规律，用于指导下一阶段工作的一种载体形式。要做好总结汇报，首先需要从思维上认识总结汇报的重要性和必要性。其次是要对总结汇报的几种形式做到心中有数，并根据实际场景的不同，选择合适的汇报形式。本节主要介绍总结汇报的重要性、必要性，明确总结汇报的文体及结构组成，掌握常态化总结汇报、阶段性总结汇报、经验性总结汇报，以及区分清楚口头汇报、书面汇报、当面汇报三种汇报形式。

一、总结汇报的重要意义

　　第一，总结汇报是社工做好各项工作的重要环节。通过它，可以全面地、系统地了解以往的工作情况，正确认识以往工作中的优缺点；可以明确下一步工作的方向，少走弯路、少犯错误，提高工作效率。

　　第二，总结汇报是争取各方理解支持的重要方法。当下，对社会工作的知晓度和认可度整体不高，总结汇报具有向相关方进行宣传的作用。工作中只有加强总结和汇报，才能更好地争取相关方的理解和支持。

　　第三，总结汇报是帮助社工认识事物发展规律的重要手段。社工以服务为导向，围绕服务对象真实需求设计并提供服务，这些服务往往是根据服务对象实际情况的不同而具有个别性和独特性。通过总结报告，则能够使零星的、表面的、个别的感性认识上升到全面的、系统的、本质的理性认识，寻找和总结出工作和事物发展的规律，从而掌握并运用这些规律为同行提供借鉴与参考。这也是社工从一线慢慢积累经验直至成为一名督导，为其他新手社工答疑解惑的必经之路。

二、总结汇报材料的结构要素

一篇工作总结汇报首先在结构上应该是完整的和合乎逻辑的，其次才是对内容上的提炼亮点、总结服务成效、简洁文字、美化排版、搭配图片等细节进行打磨构思。因此，要撰写一篇合格的总结汇报，应了解其结构组成，掌握关键要素。从文体文风的角度看，总结汇报偏向于"说明文"写作，主要目的是汇报、说明或解释。其常用三段式的总—分—总结构展开，即开头开宗明义，正文三四段分点论述，结尾总结。此外，总结汇报中的大标题和小标题也是整体结构中不容忽视的组成部分。因此，这里结合乡镇社工工作实际，将从总标题、开头、小标题、正文、结尾 5 个结构要素来进行分解认识。

（一）总标题

写好标题，文章就成功了一大半，因此，在撰写总结汇报的过程中，一定要提炼好标题。总标题是对全篇总结汇报的高度概括，是核心思想的体现，是"纲"。总标题一般具有观点鲜明、文字精练、内容准确几个特点。在总标题上下好功夫，是打好文稿基础和升华文稿高度的重要步骤。

（二）开头

总结汇报中的开头也是整体结构中不可或缺的部分，一般有开宗明义的特点，即简明扼要讲清楚文稿背景、文稿主要思想，起到承上启下的作用。

（三）小标题

如果说总标题是"纲"，那小标题则是"目"，是从不同角度、不同层面对总标题内涵的展示，它们共同服务于总标题。小标题在功能上，以概括准确、中心突出、逻辑清晰、深化主题为上；在形式上，以工整对称、结构统一、言简意赅、易读好记为佳。

（四）正文

正文围绕汇报的中心思想展开具体描述，是通篇汇报总结文稿的重中之重，一般应详略得当，既有数据也有具体过程和重点介绍，不仅就事论事，还能够结合专业说明事情的发展，从个别性总结出一般的规律。

（五）结尾

总结汇报文稿一样需要重视结尾，好的结尾能够起到画龙点睛之效。较为常用和好用的结尾是在文末简明归纳总结文章重点，升华主旨，同时结尾一般要留有一定思考和发展空间，不把事说得太满，展望未来激发共鸣。

综上所述，可以通过以下思维导图来理解和掌握总结汇报的结构（见图7-1）。

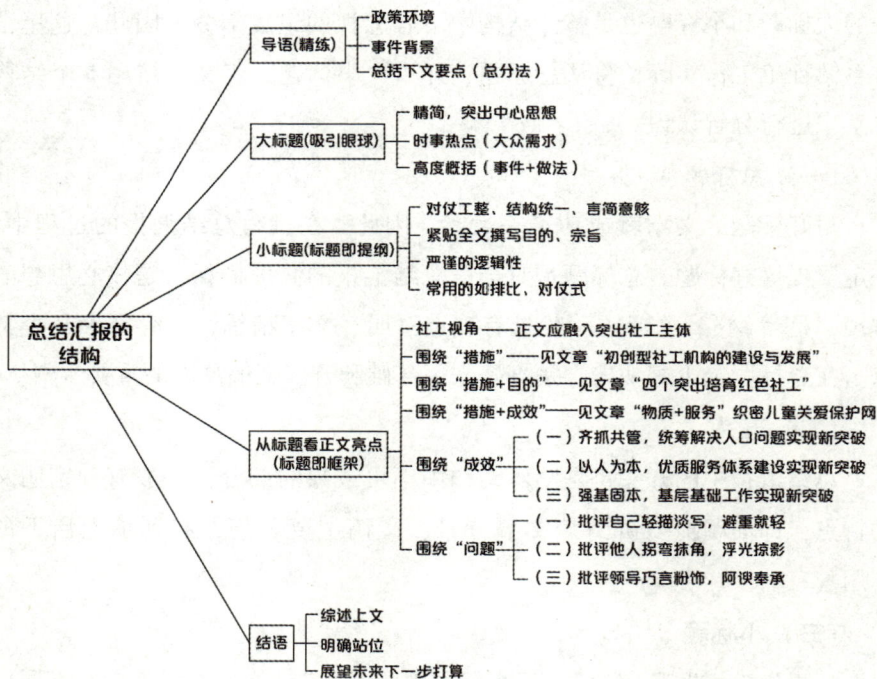

图7-1　总结汇报的结构思维导图

三、总结汇报在社工站的常用场景及形式

（一）常态化总结汇报

常见于站点月报、季报、年报，主要用于宣传报道站点日常工作动态，联络维护利益相关方。可以根据汇报对象的不同，选择多样的汇报形

式。除上文具体解构的文字描述外，还可以通过图文结合、短视频、电子海报、实物成果展出等形式加以宣传。

（二）阶段性总结汇报

常见于站点中末期评估报告、阶段性 PPT 汇报，主要用于总结站点服务成效、经验做法、资源整合和呈现典型案例。一般中末期评估中的项目总结报告有固定格式可供参考，依据格式填充内容即可。此外，除文字的总结汇报外，常常需要结合 PPT（穿插图文+视频）进行概括性现场演示汇报。

（三）经验性总结汇报

常见于经验输出、知识产出、站点影响力提升，主要通过提炼站点特色和亮点，总结、萃取、推广典型经验做法。以文字总结为主，在撰写上普遍遵循上文结构要素中的几个要点。

四、常见的三种汇报形式及其区别和使用要点

口头汇报、书面汇报、当面汇报是乡镇社工工作中向相关方汇报的三种较为常用的方式，三者之间的区别和使用技巧也有差异。

（一）三者区别

口头汇报一般适用于还不太成熟的想法，用于初步了解相关方的看法和意见，尤其是试探性了解重要相关方的意见，决定下一步计划规划如何开展。电话、微信、邮件等是常见的口头汇报的形式之一。

书面汇报则相对更加正式，往往是就一件比较成熟的或已经实施了一段时间，或者具有一定阶段性实践成果，或者比较重要的事项进行正式汇报，一般参与人员较少，主要是小范围汇报工作和听取意见。

当面汇报则更有利于总结验收和成果展示，用于更丰富、直观地呈现相关内容，可使用的素材与场景更加多元。

（二）口头汇报要点

口头汇报是口头表达，尽量提前准备好"话术"。所谓"话术"，就是语言表达的方法和技巧，不需要像书面汇报那样字斟句酌甚至反复打磨。

实际上，对口头汇报的要求远远没有书面汇报那么高。务必做到三点：一是准，这是第一位的，要努力做到情况准、数据准。二是实，主要是内容实，要实事求是、据实而言，丁是丁、卯是卯，挑重点、捞干货。向领导或利益相关方作汇报不要讲道理，因为领导和利益相关方比社工更懂道理、更会讲道理，道理往往是从上面来的。汇报的时候，既不要添油加醋，也不要拖泥带水，更不要东拉西扯，而要直奔主题、开门见山，有一说一、有二说二。三是短，主要是时间短，也包括用短句，这样说起来、听起来都不费劲，一般以不超过 5 分钟为宜，如果能够在一两分钟之内把事情说清楚，那就更好了。

（三）书面汇报要点

书面汇报是向上级领导或相关方进行工作汇报的文稿，是向相关方反映自身工作开展情况的。一般要做到三点：一是突出主题。要准确领会相关方意图，紧紧围绕相关方的关注点来撰写工作汇报，切不可偏离主题、答非所问或缺漏汇报内容。二是内容完整。一般包括工作开展情况、工作成绩、存在的问题与建议、下阶段的工作计划等内容。三是重点突出。在对工作进展、成效等信息进行编排时，要做到层次清晰、结构合理。情节要简单，突出主要情节，不必事无巨细、面面俱到。情况要准确，语言简洁，要一是一、二是二，要做到说实话、说实情，讲成绩时不能随意拔高、扩大，谈问题时不能回避、掩饰，能够量化的要用数字说话。

（四）当面汇报要点

一般来说，无论任何工作、任何事情，当面汇报都比口头汇报和书面汇报更能体现对领导、利益相关方的尊重。即使有详细的书面汇报，如果能主动带着稿子上门去汇报，效果一定会更好。当然，如果是三言两语就能说清楚的事，最好还是电话口头汇报，一来没有必要打扰领导和利益相关方，二来专门跑一趟也未必值得。一般来说，当面汇报的侧重点可以按以下情形来把握：事前汇报"报计划"，事中汇报"报进展"，事毕汇报"报结果"；主动型汇报"报关键"，被动型汇报"报关切"；请示型汇报报"事项+方案"，说明型汇报报"缘由+情况"，求助型汇报报"难题+办法"，总结型汇报报"成效+经验"。同时，如社工打算向相关领导作当面汇报，一般要先打个电话预约，了解对方是否有时间和是否方便。即便到了领导办公室门口，也不要直接进去，而是先看一看或问一问领导是否有空、是否方便。此外，一定要提前做好当面汇报准备，包括内容准备、语言准备、资料准备和应变准备。其中，内容准备和资料准备是"必需项"，而语言准备和应变准备则属于"加分项"，准备得越充分，汇报的效果往往会越好。

拓展阅读 ···

常见的四种典型"不当汇报"

第一类是"被动汇报"。该汇报的不主动、不及时汇报，往往等到领导问起来，才借机汇报、顺势汇报。这样的汇报往往比较仓促，效果难以保证。

第二类是"盲目汇报"，或者叫"懵懂汇报"。主要是汇报之前没有准备或准备不足，想到什么说什么，汇报不准确、不清晰、不到位；汇报的时候，既不看时间、地点和场合，也不看领导有没有空，逮住机会就凑上前去。

第三类是"过度汇报"。没有必要汇报的事情也汇报，哪怕是鸡毛蒜皮、芝麻绿豆大的事情；一汇报起来就没完没了，领导实在耗不起那个时间，不得不打断汇报，给予提醒甚至叫停。

第四类是"越级汇报"。没有经过请示或授权，跳过直接领导、分管领导，向主要领导、更大的领导作汇报。凡此种种，实质都是"不当汇报"，至少对汇报的要领了解不够、掌握不好。

来源：三好公文课，2022 年 6 月 5 日，成文。

案例分享

　　这是发表在《中国社会工作》（2021年11月下）杂志上的一篇经验总结文稿《初创型社工机构的建设与发展》。以下为此文的整体结构，开篇简要介绍了机构背景（提出议题，中心将围绕什么展开），然后以4个小标题为引，具体总结描述了"结构、文化、战略、人才"4个经验做法（如何破题，分享经验做法），最后虽然没有明显的结尾，但简明易懂的文字同样给关注此议题的读者以思考空间。整体行文结构流畅，是基于现实实际的经验总结，没有过于专业和晦涩难懂的用词，"总标题、开头、小标题、正文、结尾"结构非常明显。

　　1. 总标题：初创型社工机构的建设与发展。（简单清晰）

　　2. 开头：株洲市种子社会工作服务与发展研究中心（以下简称株洲种子社工中心）成立于2017年，由专业社工、商业跨界人士、资深志愿者共同发起。4年来，机构由3人发展到109人，先后获得全国百强社会服务机构、全省示范社会组织、全市"十佳"社会组织等荣誉。作为一家地市级初创型社会工作服务机构，株洲种子社工中心在组织发展与自身建设方面都进行了积极探索，也积累了一定的经验。（抛背景，引话题）

　　3. "四要点"小标题：（结构一致、对称精练）

　　（1）跨界融合，注重包容与共融共生。

　　（2）以人为本，注重组织文化建设。

　　（3）全局观念，注重政策与规划发展。

　　（4）人才培育，注重传播与经验输出。

　　4. 正文：分别围绕4个要点展开具体描述。

　　5. 结尾：简要总结归纳上文。

第二节　提炼工作的亮点和成效

社会工作按服务方式有个案、小组和社区三大方法，按服务领域有儿童、青少年、老年人、残疾人、妇女、社会救助、家庭、学校、社区、医务、企业、减贫、减灾等社会工作。乡镇社工做的事情有许许多多，日常工作相对零散，也有需要运用综合的方式去促成一个问题解决的时候。那么，如何在众多事项和众多服务故事中提炼亮点、体现成效，展示社工服务价值，催生新理论、新思想，则既需要社工保持实务敏感，也需要社工学会和善于规划、提炼、优化、验证工作中的亮点与经验。

一、认识亮点和培养发现亮点的眼睛

（一）认识亮点

如果细心揣摩，便会发现每一篇优秀的工作总结、成效汇报类文稿，都是以其独特的视角、巧妙的切入点、新颖的立意，体现强大的吸引力、说服力和震撼力。这就是工作亮点的魅力所在。首先要明确的是，常规性工作一般不作为重点来提炼，有特点、有特色，不同于他人，这才叫亮点。那么，到底什么是亮点呢？

有两个思考点：一是自己，另一个是别人。对工作而言，第一步就是要思考自己做了哪些工作。第二步是启发引导别人怎样做。这个别人，是同行，是兄弟单位，是社会大众。

这样一分解，可以理解工作亮点的提炼即是按照"人无我有，人有我优，人优我特"这条思路，重点关注"有和无""多和少""快和慢"，以及"新与旧""优与劣"等概念。以上是何谓"亮点"的普遍共识，但是，社工在总结亮点时还要认识到，社工服务亮点不是刻意去"标新立异"，一定是基于服务过程和服务对象的成效改变等实际情况，不是一定要求他人之所无，只有专业且恰当服务的形式和内容才是应该去提炼的真正"亮点"。

（二）培养发现亮点的眼睛

法国艺术家罗丹说过："世界上不缺少美，只是缺乏发现美的眼睛。"社工站的社工也常常为撰写工作总结、成效汇报感到头疼，尤其是当领导要求写出创新性亮点时，更加感到为难。其实，社工工作中并不缺乏亮点，只是缺乏发现亮点的眼睛。所谓"横看成岭侧成峰，远近高低各不同"，总结提炼工作亮点也如此，只要善于规划、观察、分析，总有写不完的亮点。培养发现亮点的眼睛可以从以下几个视角出发。

1. 优势视角

其实，实务工作法中的"优势视角"不仅可以用来指导社工开展具体服务，同时能够为社工如何处理人与人、人与机构、人与事等关系提供一个视角。当我们用优势视角去看待工作本身时，也会挖掘更多关于自我和工作中的潜力与资源。比如，当接到要撰写本年度项目成效总结或亮点提炼的工作任务时，是持排斥、拒绝、抱怨的情绪还是持接纳、尝试、破圈的态度去看待同一件事，两种情绪之下所带来的结果肯定有所差异。因为面对任何一个事物，只要从不同维度审视，都能获得不同感观。优势视角关注人的内在力量和优势资源，对于社工自身发展而言同样适用。优势视角是帮助我们打开发现美、发现亮点眼睛的第一步。

2. 和田十二法

乡镇社工站的社工普遍不具有专业教育背景，这既是挑战，同时也是优势。挑战是因为需要学习很多专业理论和专业手法，优势也正是因为没有专业基础，"空杯"心态则更能学无止境。对于新手社工而言，许多事情是从零开始的，实务服务可能在经过督导点拨后开展起来并不是那么难，但在面对个案、小组、社区等文书撰写、总结报告、典型案例、通讯稿等众多文书工作时，便难免会感觉到吃力。这是因为实务服务主要是与人沟通打交道，文书工作则需要总结沉淀和用到专业理念和术语，两者一"动"一"静"，"动"的部分需要保持觉察力，"静"的工作则更加考验人的定力。

那么，如何既做好"动"的部分又做成"静"的部分呢？概括为两方面：一方面要持续学习；另一方面要会学习。持续学习不用过多解释，会学习则是要学会"站在巨人的肩膀上"，充分利用好已有资源，一是请教督导，二是利用网络资源，三是跨界学习。社工面对的文书很多都有模板，也有案例，因此在学习的过程中，学会参考借鉴是被允许的，但要区分抄袭，参考借鉴一定是在结合实际的基础上"举一反三"，因为没有人可以把之前所有好的东西都抛弃不用，自己全部从零开始设计，这基本不可能。创新实际也是运用社会工作者的专业知识进行恰当的再次排列组合。那么，在撰写新闻稿、提炼亮点、文稿总结时如何更好地实现"举一反三"呢？这里给大家提供一个比较简单好用的方法，叫作"和田十二法"。

①加一加：加高、加厚、加多、组合等。

②减一减：减轻、减少、省略等。

③扩一扩：放大、扩大、提高功效等。

④变一变：变形状、颜色、气味、音响、次序等。

⑤改一改：改缺点、改不足之处。

⑥缩一缩：压缩、缩小、微型化。

⑦联一联：原因和结果有何联系，把某些东西联系起来。

⑧学一学：模仿形状、结构、方法，学习先进。

⑨代一代：用别的材料代替，用别的方法代替。

⑩搬一搬：移作他用。

⑪反一反：能否颠倒一下。

⑫定一定：定个界限、标准，能提高工作效率。

案例分享

这里以"社工个人成长计划"为例，用和田十二法的思维导图来尝试具体场景应用（见图 7-2）。实际上，和田十二法的适用范围很广，既可以作为分析工具，也可以用来激发新的思路，尤其是社工在苦于难以找到工作亮点时，可以在基于服务对象根本利益、社工通识理论和服务方法的基础上，试着用和田十二法来引导思考，拓宽思路，寻找灵感。

加一加 —— 多点微笑、自我认同、及时奖励

减一减 —— 网络时间、抱怨话语

扩一扩 —— 专业理论学习、语言沟通技巧、扩大实务领域参与

变一变 —— 时间管理方式

改一改 —— 只想不做、心急吃不了热豆腐

缩一缩 —— 睡觉时间、逛街时间

社工个人成长计划

联一联 —— 岁次搭配+运动、个案服务+政策学习

学一学 —— 个案、小组、家庭、社区等

代一代 —— 看书替代网络游戏

搬一搬 —— 应用于激励服务对象

反一反 —— 反向溯源、找到影响自我成长的根源

定一定 —— 定界限、标准、能提高工作效率

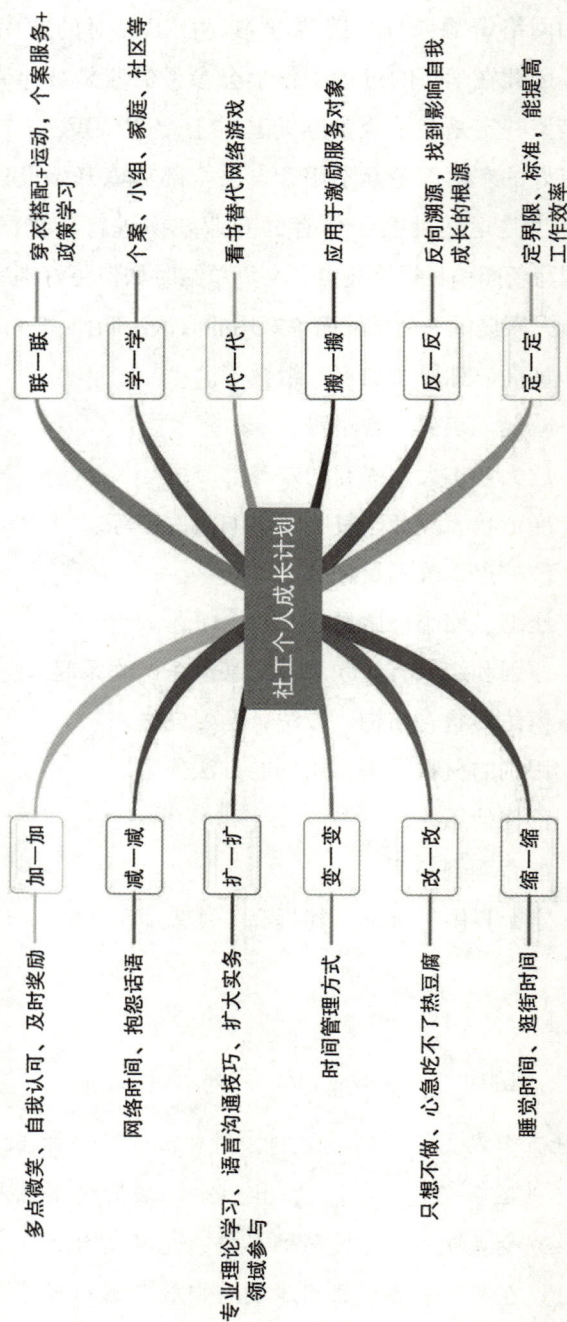

图7-2 社工个人成长计划"和田十二法"思维导图

130

二、在实务活动中规划、积累素材

很多时候，乡镇社工不仅要关心服务内容、服务指标，还要关注服务评估。可往往是在项目快要结束进行中末期评估时，社工才发现原来很多总结材料、文书工作都存在滞后、质量不佳的情况，为了应对评估要求和专家检查，这时便匆匆忙忙进行总结提炼，以服务数据堆砌服务数据，缺乏有力的归纳和经验做法的沉淀。其实，社工服务工作总结和亮点提炼，一定要有目的、有计划、有步骤地进行，主要可以从以下三个方面着手。

（一）服务开展前有"亮点"规划

无论是社工站项目还是社区服务项目等，一旦社工进场开始服务，就应该做好亮点提炼工作的准备和规划，树立"亮点"意识。任何事情都不是一蹴而就的，要在服务开展前，进行"人无我有、人有我优、人优我特"的反思，厘定并设计出"亮点"。

（二）服务开展中积累"亮点"素材

社工的日常工作涉及个案、小组、社区、探访、志愿者培育赋能、社区治理等内容，不仅有丰富的活动类型，以及在服务中接触到形形色色的人和协调平衡各类关系，还有整合政社资源促进服务对象个别化与差异性问题解决，这些都是看似平常但又是社工开展亮点提炼的基础素材。没有素材的积累和亲身的体会，就很难去感知和总结出亮点，亮点一定是基于实务服务中参与、观察、积累、总结提炼而来。

（三）服务开展后及时对"亮点"总结归纳

社工服务中有很多文书工作，不仅通讯稿要讲求及时性，总结经验、提炼亮点也需要及时进行：一是确保项目服务成效得到有效呈现和传播；二是只有及时总结，很多细节和服务过程才会记忆更清晰。如果服务过了很久才想起去总结，随着记忆和热情的消退，就更难去总结归纳。

三、"五要素"提炼工作亮点与成效

工作亮点与成效不是"无根之水"，它来源于实践也将指导实践。如何提炼工作中的亮点和成效可以借鉴社会工作常用逻辑思维模式——程序逻辑模式，它既是社工开展服务前需要了解的介入程序和环节，更是社工在服务后梳理逻辑关系，发现在这些程序与环节中有何特色和亮点的着力点。找准了"杠杆"，就是找到了发现亮点的钥匙。

知识链接

程序逻辑模式

在美国 20 世纪 70 年代资源问责的背景下，威斯康星大学的研究人员依据"程序逻辑"的一般原理和基本框架，在项目评估实践中创立完善了"程序逻辑模式"。

程序逻辑模式（Program Logic Model，PLM）是从"程序"和"逻辑"的角度来评估项目状况的一种具有可操作性的模式。所谓程序是指项目运行的流程和环节。所谓逻辑是指这些流程和环节之间的关系。其理论假设是，项目的发展必然依据一定的程序，而程序之间的联系必然具有逻辑性，不依据程序或不具有逻辑性说明项目存在问题。

程序逻辑模式主要包括处境分析、理论基础、资源投放、活动和服务、服务成效、外在环境因素和各部分的逻辑关系 7 个方面。以上 7 个方面是社工项目策划和开展、评估时都需要考虑的逻辑要素。社工项目服务基本也是遵循程序逻辑模式中的 7 个环节来展开，清楚了这一点，就能够找到亮点与成效的"附着点"，它们蕴藏在这 7 个要素之中。7 个环节要素中，外在环境要素和各部分逻辑关系两个方面，社工站乡镇社工很难去挖掘或提炼出新的亮点和成效，外在环境是服务对象所处的政治、经济、社会等客观存在，各部分的逻辑关系相对较为抽象，这两点很难由乡镇社工去"再创造"和"提炼亮点"。因此，这里着重从程序逻辑模式的其他 5 个要素方面去介绍如何提炼亮点和成效。

（一）从处境分析要素中提炼亮点和成效

处境分析是指推行项目时的状况或背景因素，简言之，是项目当前所处的客观实际情况，也就是进行问题界定与需求评估。乡镇社工可以通过评估并识别出服务对象的新问题、新需求来作为项目的亮点。例如，乡镇社工在对辖区事实无人抚养儿童进行需求分析时，大部分从情感陪伴、重构社会支持网络的角度展开服务，但在更进一步的分析中，发现事实无人抚养儿童面临的问题更多的是家庭隔代教育，以及社会风俗人情、地方婚育观念等根本原因所致，进而策划和开展涵盖亲情陪伴、亲职教育、婚育指导等多元服务内容。这便是对处境分析要素所作出的创新和调整，可以作为乡镇社工提炼工作亮点与成效的一个引爆点。

（二）从理论基础要素中提炼亮点和成效

理论基础指开展服务或活动时所坚守信念、遵循原则或达到成效的理论基础，简单理解就是依据什么理论指导解决什么问题。乡镇社工可以在开展服务中根据服务对象的实际情况选用更为适合的理论作为服务亮点和成效。例如，驻站社工最常用优势视角去开展社会救助对象帮扶服务，但经过更聚焦的分析会发现，任务中心模式也可以作为临时救助对象帮扶的一个理论指导，进而依据任务中心模式去调整和设计新的服务内容与方式，短期内就能够带来服务成效和促进服务对象改变。这就是对理论基础要素所作出的创新和调整，也可以作为乡镇社工提炼工作亮点与成效的一个着力点。

（三）从资源投放要素中提炼亮点和成效

资源投放是指项目实施过程中所投入的各类资源，包括人、财、物等，是项目实施的物质保障。乡镇社工可以通过分析资源投放来找服务的亮点和成效。例如，驻站社工在开展社区服务过程中，常常会投入社工、志愿者两方面的人力资源，同时还会整合爱心企业链接物资等，这是社工常用的方式。如果进一步去分解和分析又会发现，还可以使用区块链的理念和技术去优化志愿者信息和爱心企业信息的记录和管理。这就是对资源投放要素所作出的创新和调整，同样可以作为乡镇社工提炼工作亮点与成效的一个聚焦点。

（四）从活动和服务要素中提炼亮点和成效

活动和服务指向服务对象所提供的活动或服务的数量、形式和内容，相对于资源投放来说是一种"产出"。乡镇社工在围绕社工站各大服务内容开展具体服务时，可以尝试将具体活动和服务的调整作为工作中的亮点和成效。例如，乡镇社工围绕社区老年人服务常开展的是物资慰问、清洁卫生、精神陪伴、智能手机使用、唱歌跳舞、义诊等内容，通过进一步分析和分类，还可以在服务活动中通过老党员、退伍老兵、妈妈的味道等长者身份和特长去开展社区长者一堂课、我的红色故事、记忆中的食谱等带有赋能特点的新活动。这就是对活动和服务要素所作出的创新和调整，也可以作为乡镇社工提炼工作亮点与成效的一个思考点。

（五）从服务成效要素中提炼亮点和成效

服务成效是指某一项目通过资源投放及活动与服务的开展，为个人、家庭、群体、社区和机构所带来的益处或转变，是检验项目是否成功的关键指标，分为短期、中期、长期三个阶段。社工站项目每个月、每个年度都会进行项目服务成效总结，如何在一堆服务数据和服务内容中提炼亮点，乡镇社工可以在一开始服务规划中就制订新的成效目标，这样就有利于在服务后期的资料总结时提炼新的成效亮点。例如，乡镇社工某年度服务重点是儿童兜底性福利服务，主要侧重通过物质和政策帮扶产出兜底性和补救性服务指标的落实，这时社工在服务成效规划中还可以添加一个"物资+资金+服务"的思路，即围绕困境特殊儿童，不仅做好物资帮扶保障其基本生存，还要通过系列具有本土性、个别化的个案、小组、社区等服务去促进服务对象的改变和发展，从而使服务更加全面、有效。这就是对服务成效要素所作出的创新和调整，同样可以作为乡镇社工提炼工作亮点与成效的一个启发点。

案例分享

这里以笔者一篇收录在《中国社会报》上的阶段性工作亮点和成效经验文稿《"物质+服务"织密儿童关爱保护网络》为例。文稿依据程序逻辑模式"五要素"展开亮点提炼。因原稿较长，这里只作整体大意分解。

1. 主标题：《"物质+服务"织密儿童关爱保护网络》。（运用"手法+

主体+目的"命题)

2. 引入语：儿童是家庭的希望，是国家和民族的未来，为贯彻落实《"福蕾行动计划"实施方案》，今年以来，在长乐区民政局的指导与长乐区社会工作服务指导中心的支持下，长乐区漳港街道社会工作服务站、文武砂街道社会工作服务站、江田镇社会工作服务站、松下镇社会工作服务站围绕留守困境儿童，基于"个案帮扶、小组成长、社会融入"等专业理念与手法，突出"物质+服务"，探索形成融合物资救助、心理支持、能力提升"三位一体"的关爱保护网络，助力未成年人关爱保护体系建设，推动未成年人保护工作发展。（简洁明了，文章中心大意总概括。其中，"个案帮扶、小组成长、社会融入"等专业理念与手法是理论基础要素，探索形成融合物资救助、心理支持、能力提升"三位一体"的关爱保护网络是服务模式也是服务和活动要素，文中引用了具体活动的数量产出，案例则是服务成效要素。一篇亮点和成效总结文稿不一定要一次性全部使用到"五要素"，聚焦某一个要素中的某一个点更易操作。）

3. 分标题：（回应主标题，通俗易懂、朗朗上口）

（1）"物质+服务"救助帮扶护成长。

（2）"需求为本"多样性成长小组助发展。

（3）"儿童五防安全"进校园强平安。

第三节　如何撰写专业文书报告

"社工也是写工"已日益成为社会工作行业的一个普遍现象。那么，既然专业文书如此重要又不可避免，基层社工站乡镇社工该如何撰写专业文书报告呢？虽然说实践出真知，那么有没有一些基本遵循可供驻站社工尤其是新手社工参考呢？本节内容便为社工提供一个撰写专业文书的思路维度，仅供参考。此外需要说明的是，本节所指的专业文书报告涵盖个案、小组、社区、调研报告、志愿者培训、督导培训等各式各样的文书套表，以及典型案例、项目总结报告等，唯一需要区分的是，社工服务的各类套表、案例需遵循社工专业视角，工作总结报告和特色亮点材料则还需要借鉴行政公文的写作方式，这在前面两节有详细介绍。

一、专业文书报告撰写原则

撰写专业文书报告是乡镇社工的一项基础工作，在撰写过程中需要关注以下三个基本原则。

（一）文书内容的真实可靠和及时性

社工专业文书一定是基于实践服务的开展而来，其内容是真实、可靠的，做与写不能"两条路"。同时，还要确保撰写的及时性，一是服务细节记忆更深刻，二是利于服务反思不偏离服务方向。专业文书来源于实践也将指导实践，因此，真实可靠、及时性是撰写专业文书的基本出发点。

（二）聚焦问题与需求，保持中立客观

无论是何种专业文书，除真实性、及时性的基本遵循外，不要一上来就考虑大而全，尤其忌流水账、重点不突出。实际上，不仅实务过程是一个持续修正的过程，文书工作同样如此，可能要一修、二修甚至三修。且专业文书之所以强调及时性和真实性，是因为文书撰写的过程又是一次自我咀嚼、反思的过程，通过撰写能够逐步清晰思路。如个案文书套表，当社工静下心来书写服务过程时，便要开始考虑聚焦需求和问题，要解决什么问题，达到什么目标，采取什么行动，能够产生什么影响，会带来哪些变化等。同时，在撰写专业文书过程中，应尽量保持中立客观的价值观，带有情绪或"我觉得、我认为"并不利于确保文书撰写的"专业性"，也容易偏离"需求为本"的服务理念。

（三）文书基本框架完整有逻辑，格式规范

社工在撰写专业文书报告的过程中，内容是灵魂，框架和格式则是外衣，有完整的文书撰写框架也是基本遵循。如个案工作典型案例的撰写一般要紧跟个案工作介入的步骤，即接案、预估、计划、介入、评估、结案。文书对应的内容分别是背景资料、案例分析、服务计划、服务过程、案例评估及总结反思。此外，在格式规范上，还要考虑字数、字体、字

号、颜色、表格等内容的使用准确性和统一性。

二、专业文书报告撰写要点

社工大部分专业文书报告都有现成套表，套表设计一般也是依据程序逻辑模式，包含背景材料、理论分析、目的目标设定、服务计划、风险预估、经费预算等内容，因此社工依据套表逐步填写也能够完成。但如何体现文书的"专业性"，则需要经验的积累。为了便于乡镇社工较快掌握撰写专业文书报告的技巧，这里通过分解提示几个撰写要点。

（一）背景材料的撰写要点

背景材料通常涵盖服务对象的基本生理心理、家庭、学习生活等材料，通过分点、客观描写界定问题和需求。如何界定需求与问题呢？可以依据这样的思路：思考面向的目标群体是哪些？哪些人有需要？存在什么问题？正常的情况应该是怎么样而目标对象又是什么情况？这是界定问题的一个视角。界定需求则可以从马斯洛需求层次理论或感受性需要、表达性需要、规范性需要、比较性需要来界定。此外，乡镇社工也可以从调研报告、政府部门报告、大数据、过往经验等来界定需求，根据需求进行原因和问题剖析。

（二）理论基础的撰写要点

通过引用相关理论，可以指出问题带来的影响和需求背后的原因。通常一个理论有很多观点，社工只需摘取其中一个最符合目标对象的问题或需求的观点进行阐述即可。实际上，个案工作的模式有心理社会治疗模式、危机介入模式、理性情绪治疗模式、认知行为治疗模式、人本治疗模式、任务中心模式、家庭治疗模式；小组工作的四大模式有社会目标模式、互动模式、治疗模式、发展模式；社区工作的模式有地区发展模式、社区策划模式、社区照顾模式、社会行动模式。还有一些理论是每个领域都可能用到的，比如认知理论、行为主义理论、马斯洛需求层次理论、舒茨的人际需要理论、埃里克森人格发展八阶段理论、社会支持网络、优势视角理论等。以上是社会工作服务中常用的理论模式，社工在撰写专业文书中应提前了解、知悉，在实操中活学活用。

（三）目的、目标设定的撰写要点

首先社工要清楚目的与目标的不同点和相似点。目的是希望能达到的长远效果，时间跨度更长、更宏观。目标则是具体地指出社工服务期间，服务对象要在认知、态度、行为技巧等方面产生什么改变。目标的设定遵循 SMART 原则，即可衡量、明确具体、可达成、有达成期限、与目的相关。在设定认知方面的目标时，常用的词语有识别、认识、论述、说出、分类等，态度方面常用的词语有乐意、接受、评价、赞成、表现等，行为技巧方面常用的词语有方法、技巧、选择、做到等。设定目的时是从社工角度出发，主语是社工；设定目标时则站在参与者的角度，主语是参与者。同时还需要注意，不能把活动的某一环节作为目标去设定。

（四）服务介入计划的撰写要点

服务介入计划是专业文书中非常重要的部分，是指社工回应目标对象的问题和需求，依据服务目的和目标，要制订的具体服务内容、形式。服务计划要尽量详细，包括各个阶段各个环节所需时间，每个环节所需要的物资、人员分工等，描写得越详细，越有助于活动的顺利开展。同时，需要注意的是，服务内容和形式一定要和目标相呼应，服务计划的设置就是为了达到服务目标。

（五）风险预估的撰写要点

风险预估是社工在撰写文书中常遇到的一个板块，尤其是在户外大型活动或小组文书策划中，需要对可能遇到的突发情况提前进行预判和预防。如现场秩序维持、场地变动、设备不灵、物资中途破损、参与者挑战社工、参与者分享不顺利等问题，针对这些突发情况，思考并提出相对应的解决办法。

（六）经费预算的撰写要点

经费预算也是专业文书报告里不可或缺的部分，它的撰写需要结合活动的每个环节进行思考，不管这些物资是不是要申请项目经费，都应一一列明，包括物资清单、单价、数量、用途、品牌等，可以通过表格分类整理。如活动前需要准备哪些物资，如横幅、KT板、签到表、满意度调查表打印等；活动中需要提前采购哪些物资，如活动道具、活动小礼品等。这里需要留意的是，初次活动可以通过小礼品拉近关系吸引群众参与，后期不鼓励长期使用小礼品，主要应围绕服务群体的需求和问题来设计服务活动。

三、如何提升专业文书撰写能力

所谓"为者常成，行者常至"，乡镇社工专业文书的撰写并没有明显的"捷径"可以走。要持续提升专业文书撰写能力，并逐渐形成自己的思考体系和风格体系，就需要社工坚持做到"四个多"。

一是多下笔。实践出真知。要勇于面对，常提笔，哪怕是先从模仿再到自主撰写，这样才会不断在实践中"从无到有、从有到优"。

二是多读文。充分利用网络时代碎片化学习时间，多阅读相关文章，包括政府行政性公文和社工专业文章，看看别人怎么使用文字和运用社工视角，只有持续学习才会在看不见的细节里得到提升。

三是多积累。好的词语和好的案例都是经过深思熟虑而来的。在日常学习和工作中，社工一方面要善于积累工作中的实务素材；另一方面要将阅读到的好文章好案例收藏，尤其是阅读到自己正需要或为自己答疑解惑的文章，这样在下次撰写专业文书时，便可以加以借鉴。

四是多思考。要撰写出有深度的专业文书报告，离不开社工的主动思考和敢于自我反思。提高实务敏感和专业敏感需要不断训练自我思考能力。因此，要在日常工作与生活中多用心、多留心、多思考、善总结。

案例分享

2020年株洲市荷塘区城乡帮困项目中期评估报告
（精简版）

根据《2020年荷塘区城乡帮困项目第三方评估方案》和荷塘区网格化

中心专项评估检查工作部署，由长沙市千里社会组织评估中心承担对荷塘区城乡帮困项目服务开展中期评估专项检查。

一、基本情况

根据《2020 年荷塘区城乡帮困项目专项评估检查工作方案》，本次评估采取入户访谈、现场汇报、档案查阅等方式进行，共计听取 24 个项目现场评价并查阅档案，完成 99 户服务对象入户考察和访谈。项目实施、财务管理和档案查阅部分（含提问、回答和反馈）采用"看、听、查、评"环节与评估指标体系相结合的方式进行。此外，各机构项目负责人对项目实施情况进行中期汇报。

二、中期评估结论

从服务层面来看，荷塘区 24 个城乡帮困项目从"在社区落地生根"到"接地气开展服务"达成"有成效地改变现状"，承接方发挥了社工、志愿者与社工机构组织执行力与行动力的优势，采取"社工+志愿者"服务模式，创新精准帮扶社区治理方式，有效回应了困境人群的期待和老旧社区难题。从综合整体来看，服务项目既通过社工专业介入弥补了现有基层服务主体不足的欠缺，扩大了基层服务的供给，又突出了社工、志愿者们积极参与社会治理，丰富了相对困难人员精准帮扶的实践探索。

三、主要成效

（一）建立良好关系：社工、志愿者成为服务对象的贴心人。在帮扶过程中，社工及志愿者服务态度端正、积极热情，与服务对象之间建立了良好的关系。尽管社工及志愿者的力量有限，但他们以最大的诚心、最大的热情、最大的努力为服务对象提供帮助，服务对象反馈志愿者及社工对服务对象的关爱是不分时间的、持续的，志愿者支持既热情又充分体现善爱行动，让服务对象感觉是很暖心的。

（二）整合各类资源：构建多元化社会支持网络系统。承接服务项目的社会组织、社工、志愿者团队，围绕"项目化、小团队"的特点，建立并实施"长效帮困体系"的社会支持网络。"社工+志愿者"团队在服务过程中注重链接爱心企业、医院、福利院、社区、学校、网络平台（轻松筹）、红十字会、基金会、志愿者等多方资源，形成合力，为服务对象构建社会支持网络系统，实现资源的有效联动。另外，在区委、区政府的统筹下，各镇街和各职能部门积极参与、积极联动的成效比较突出。

（三）志愿服务网络体系：丰富与聚焦形成了帮扶合力。每个帮扶项目都在积极探索"社工+志愿者"的联动模式，相对于微公益项目，重点服务项目中"社工+志愿者"联动情况更为突出。此外，各项目有意识地尝试并招募拥有不同技能的志愿者，比如家电维修志愿者、医疗卫生志愿者、法律志愿者、大学生志愿者、理发志愿者等，对项目的后续完成起到了重要作用，更能发挥项目的功能与优势。

（四）品牌化建设：部分机构注重并创新了帮扶模式。通过调研发现，部分机构有了品牌创新意识，针对服务项目进行了帮扶模式提炼，初步形成品牌化意识。比如，关爱城市"老养残家庭"残障人士服务项目积极探索"老残共养"模式、"志愿者领队+志愿者+贫困家庭服务"方式、"1+2+N"志愿者服务模式以及"社工+志愿者+贫困家庭"的服务模式等都展现了项目品牌的挖掘后劲十足。

（五）服务对象认同感：满意度、获得感、幸福感较强。总体来看，通过社工和志愿者团队调动各方力量参与帮扶，积极链接资源，分类开展"三服务、两支持"，努力帮助服务对象走出困境，提升了服务对象的获得感与幸福感。服务对象对社工或志愿者以及政府的满意度普遍较高。重点服务项目满意度一项统计为 19.56 分（满分 20 分），微公益项目满意度一项统计为 19.86 分（满分 20 分），基本情况较好。

四、主要问题

（一）精准匹配参差不齐，服务成效有待提升。总体来看，帮困服务取得了一定成效，但不同机构及不同项目之间取得的成效存在较大差异。一方面，部分社工专业能力有限，并没有根据服务对象的实际需求制订针对性帮扶计划；另一方面，对服务对象的核心需求判断不准。通过调查统计，在成效方面，家庭关系的改善明显滞后于经济收入、心理疏导、社会融入的改善。

（二）内部管理较为松散，档案管理、财务管理欠规范。从整体项目来看，部分机构缺乏科学明确的管理制度，内部管理分工混乱，没有完善的人事管理、行政管理、财务管理、档案管理等制度。部分机构财务基础工作薄弱，内部财务制度不健全。

（三）退出意识不强，制约了服务项目的深化开展。精准退出是衡量城乡帮困有效性的重要指标，从目前的反馈来看，大部分服务对象都希望服务持续：一方面服务对象通过被帮扶感受到获得感和幸福感，不希望服务终止；另一方面也不乏一部分服务对象存在"福利依赖"等思想。

（四）社工专业服务能力不足，缺乏系统性思考。部分社会组织由于自身能力不足，机构和社工人员不稳定，经费资金不足，专职社工缺乏。即使有专职社工，但大都比较年轻，专业能力不足，服务理念、服务技巧、政策知识相对比较滞后，导致社工意识与针对服务对象开展的服务缺乏系统性和全盘的考虑。比如在具体服务过程中，社工仅仅针对服务对象开展服务，而忽略服务对象家庭的整体性需求与发展，"赋能"的支持还缺乏方法等。

（五）项目缺乏品牌建设意识，导致宣传传播后劲不足。品牌建设能提高社会影响力和公众的认知度，但大部分社工都在"默默无闻"地干好事。这与社工机构基本上没有设置传播岗位和缺乏新媒体传播运营经验有关，也与项目传播的意识不强有关。

（六）风险意识不足，缺乏风险应急预案。部分项目为服务对象购买了意外保险，以防突发事件带来的冲击。但对于一些日常风险仍缺乏考虑，有针对性的应急预案较少。

（七）志愿者基础性服务扎实，专业性服务薄弱。志愿者队伍逐渐成长壮大，志愿者在服务过程中能做到贴心、暖心、细心、爱心等，但志愿者的专业服务水平远远不够，专项技能类服务志愿者等后备力量明显不足。

五、后续工作意见和建议

（一）瞄准核心需求，提升服务成效。社工要通过多次调查、走访等形式，了解服务对象存在的困境、核心需求，弄清主次，切勿列举一大堆服务需求，抓不到重点，精力分散，最后无法完成或成效不佳。弄清需求后将其分类，针对不同的情况分别制订不同的方案；建立家庭支持系统，缓解家庭矛盾，增强服务对象的信心与动力。

（二）加强档案管理、财务管理，实现标准化和规范化。首先，加强档案管理标准与规范化建设，按照时间、内容、服务对象等不同形式有序归档，便于后续查阅及利用。其次，加强财务管理标准与规范化建设，建章立制，规范会计行为。

（三）提升退出意识，激发服务对象内生动力。针对同一服务对象的帮困不应是无限制的，一旦达到预期目标就要按时顺利实现精准退出，提高社会资源的利用效率。运用助人自助的理念，实现困境人群从"输血"向"造血"、从"授鱼"向"授渔"方向转变。

（四）加强专业化培训、督导，提升社工综合能力。对社工进行督导、培训以及继续教育，加强社工对于现行社会政策的学习与应用，对社工服务技巧、服务理念、理论素养等进行培训，提升全体社工的服务意识，增强项目化思维。推动社区治理、帮扶帮困的社会工作专业技术人才建设需要从健全体系、整合资源、增强能力等多个层面介入。

（五）加强项目传播，塑造品牌意识。要围绕服务项目动态及时进行宣传。项目宣传要保持时效性，趁热打铁方显效果。掌握项目传播的方式策略，避免自说自话，注重内容的重要性，让更多人群了解自己的项目，树立项目品牌。

（六）做好突发事件防控预案，完善应急网络支持体系。服务对象主要为老弱病残群体，容易突发疾病或遭遇其他突发事件。设置应急联络组专线，一旦负责的社工或志愿者因为某些原因未联系上或暂时不在岗，就由应急网络组成员按时赶到指定地点，对服务对象进行应急救助。

（七）以社工为引领，加强志愿者专业化建设。在帮扶过程中，以社工为引领，推动志愿服务的专业化、持续化发展。各项目要培养自己的志愿者骨干，深入挖掘其潜能、优势，激发其能力，并形成榜样示范效应。社工要对志愿者，尤其是对普通志愿者（没有技能、年龄偏大但热情高）进行专业引导，将志愿者培训纳入城乡帮困项目规划中，对志愿者开展社会工作专业知识与技能的培训，提升其在各领域开展志愿服务的专业水平，以及从陌生到认识、从生疏到熟练等增能过程。总之，要实现服务对象与志愿者的"双成长"才能最终推动志愿者的专业化与持续化建设工作，达到专业"赋能"与自我"增能"双受益。

长沙市千里社会组织评估中心

2021 年 1 月 30 日

第 8 章

怎样做好职业规划

在职场中，每个阶段都有不同的烦恼，有跨行就业的迷茫，也有初入社会的落差，或者在岗三五年后对工作感到枯燥，或者是职业瓶颈期的内忧外患。社会工作行业亦是如此，这就需要我们做好职业规划，指引前行的方向。本章围绕职业规划，从提升专业技术职务、加强人才激励保障、拓展政治参与机会三个方面梳理职业规划的重难点，帮助社会工作者建立清晰的职业规划目标，提升其应对能力。

第一节　提升专业技术职务

完善社会工作职业制度体系、建立科学合理的社会工作职级评价标准、保障社会工作专业人才薪酬待遇水平，是吸引和稳定广大社会工作专业人才长期投身专业化社会治理与服务的有效手段，对于加强社会工作专业人才队伍建设、推进社会工作专业化、职业化发展具有重要意义。

一、社会工作专业技术职务的分类与要求

（一）社会工作专业技术职务的分类

社会工作者职业资格是一项水平评价类专业技术职业资格，已列入国家职业资格目录清单。从事社会工作且符合有关要求的专业技术人员，可以报名参加全国统一的社会工作者职业资格考试，通过考试取得社会工作者职业资格证书。

自 2006 年以来，民政部联合人力资源和社会保障部先后出台了《社会工作者职业水平评价暂行规定》《助理社会工作师、社会工作师职业水

平考试办法》《高级社会工作师评价办法》，初步建立了初、中、高级相衔接的社会工作者职业资格制度体系，为科学评价社会工作专业人才奠定了基础；出台了《社会工作者职业水平证书登记管理办法》《社会工作者继续教育办法》等政策文件，从登记管理、继续教育等层面进一步加强对社会工作专业人才的规范管理；出台了《关于进一步加快推进民办社会工作服务机构发展的意见》，联合财政部等有关部门出台了《关于政府购买社会工作服务的指导意见》《关于加强社会工作专业岗位开发与人才激励保障的意见》，为拓展社会工作专业人才就业空间、开发和规范社会工作岗位设置提供了依据。尤其是《关于加强社会工作专业岗位开发与人才激励保障的意见》，明确了社会工作职责和岗位开发要求，提出"支持引导城乡社区以及相关事业单位、社会组织明确社会工作专业岗位等级，建立相应的社会工作职级体系"；同时，进一步明确"实行国家社会工作者水平评价类职业资格与相应系列专业技术职务评聘相衔接，通过考试取得国家社会工作者职业资格证书人员，用人单位可根据工作需要，聘用（任）相应级别专业技术职务"，为建立健全社会工作专业技术岗位体系、规范社会工作专业岗位聘用（任）、畅通社会工作专业人才职业晋升渠道、落实相关职务待遇提供了政策依据。上海浦东、湖北武汉、福建厦门、广东珠三角等地区先后制定了社会工作专业人才薪酬指导标准。

例如，2019年7月，上海市浦东新区落地实施《2019年浦东新区社会工作服务机构薪酬体系指导方案》，对聘用岗位及薪酬作了明确说明，将社会工作人才分为实务类、督导类和行政类三大类，并分类设置职级和薪酬标准引导（见表8-1）。

表 8-1　2019 年浦东新区社会工作服务机构薪酬体系指导标准

聘用岗位			薪酬系数	2019 年度月平均工资（元）	机构用人成本（元）
实务类	督导类	行政类			
总干事（主任）			机构理事会决定		
高级社工师	高级督导	副总干事（副主任）	2019 年度社保缴费参考水平的 2.3 倍	18885	303902
中级社工师（一级）	初级督导	部门主任级	2019 年度社保缴费参考水平的 1.9 倍	15600	251049
中级社工师（二级）			2019 年度社保缴费参考水平的 1.6 倍	13137	211410
中级社工师（三级）	助理督导	主管级	2019 年度社保缴费参考水平的 1.3 倍	10674	171770
助理社工师（一级）			2019 年度社保缴费参考水平的 1.1 倍	9032	145344
助理社工师（二级）	/		2019 年度社保缴费参考水平的 1.0 倍	8211	132131
社工员	/	干事级	2019 年度社保缴费参考水平的 0.7~0.9 倍（具体根据学历、专业背景等考量）	5747~7389	92491~118918

　　2021 年 1 月，深圳市正式施行《深圳市社会工作从业人员职级认定规范及薪酬管理指引》，对职系职级认定作了明确划分，将社会工作从业人员职系设置分为社会工作专业职系和行政管理职系。其中：社会工作专业职系主要指社工类，包括专业管理通道和专业技术通道，与社会工作督导体系有机衔接，行政管理职系主要指行政类。社会工作从业人员划分为辅助人员、助理社工师、中级社工师和高级社工师四个级别（见表 8-2）。

表8-2　深圳市社会工作类专业技术人员职系职级设置指引

社会工作专业职系			行政管理职系				
社工类			行政类				
级别	专业管理通道	专业技术通道					
高级社工师	主任级 社会工作师 （含资深督导）	高级社会工作师一级	理事长（总干事）	副总干事（部门主任）			
		高级社会工作师二级					
		高级社会工作师三级			主管级（总监、经理、主管）		
中级社工师	主管级 社会工作师 （含督导）	社会工作师一级					
		社会工作师二级					
		社会工作师三级					
助理社工师	/	助理社会工作师一级				专员级	
		助理社会工作师二级					
		助理社会工作师三级					
辅助人员	/	辅助人员					助理级

结合以上两个先行城市的政策，可以从中整理出社会工作者在专业技术岗位发展方面的三条成长通道。

专业技术通道：助理社会工作师—社会工作师—高级社会工作师。

专业管理通道：督导助理—初级督导—资深督导。

专业行政管理通道：助理人员—工作专员—部门主管—副总干事—总干事—理事长。

（二）社会工作专业技术职务对应的要求

综合上海、深圳政策来看，各个职级都有对应的资质要求，也对应相应的薪酬体系。以深圳社会工作专业人员职级认定指引为例，主要认定条件有学历要求、职称要求、实务经验要求、绩效考核合格要求和荣誉表彰、研究成果等的加分项（见表8-3）。

表 8-3　深圳市社会工作类专业技术人员职级认定指引

级别	职级	薪级	首次职能认定条件		晋级认定条件		降级认定条件
			首次认定要求	特别条件	晋级要求	特别条件	
高级社工师	高级社工师一级	1	1. 获得高级社工师证书后累计从事社会工作服务满 7 年 2. 本科学历 3. 社会工作及相关专业 4. 在职注册社工	1. 学历每高一个级别，工作年限可减少 1 年，每低一个级别，增加 1 年 2. 非相关专业增加 2 年	达到上一级认定要求，且年度考核结果为合格	获得国家级专业称号，可以减少 2 年考核期；获得省级专业评选优秀称号，可以减少 1 年考核期；获得市级专业评选优秀称号，可以减少 6 个月考核期	1. 年度考核不合格 2. 违反法律、法规、行业规章制度以及其他相关规定的情形
	高级社工师二级	2	1. 获得高级社工师证书后累计从事社会工作服务满 4 年 2. 本科学历 3. 社会工作及相关专业 4. 在职注册社工				
	高级社工师三级	3	1. 获得高级社工师证书后累计从事社会工作服务满 1 年 2. 本科学历 3. 社会工作及相关专业 4. 在职注册社工				
中级社工师	社工师一级	4	1. 获得社工师证书后累计从事社会工作服务满 5 年 2. 本科学历 3. 社会工作及相关专业 4. 在职注册社工				
	社工师二级	5	1. 获得社工师证书后累计从事社会工作服务满 3 年 2. 本科学历 3. 社会工作及相关专业 4. 在职注册社工				
	社工师三级	6	1. 获得社工师证书后累计从事社会工作服务满 1 年 2. 本科学历 3. 社会工作及相关专业				

对社工来说，相应的要求背后意味着：

1. 职称要求

职称是前提条件，评级要求对应获得助理社会工作师、社会工作师、高级社会工作师专业职称，是社会工作者在技术职务的第一必要关卡，必须取得"敲门砖"，才可能有后续的成长空间。

2. 学历要求

学历是基础条件，学历每高一个级别评定的年限少一年，非社会工作及相关专业需要增加工作年限；这也说明学历越高晋升越快，学历起点低的人员，需要对应社会工作专业不断提升学历水平或者增加工作年限。

3. 实务经验

实务是主要条件，要求在取得资格证后累计从事社会工作服务要达到一定实际服务年限。因为社会工作者的主要服务对象是人，看重的是社会工作者的临床判断能力和处理问题的能力。

4. 荣誉表彰和研究成果

这两项是加分项，看重的是社工在机构和行业的影响力以及专业提炼的能力。

5. 绩效考核

看重常规考核和日常表现，在团队中能够起凝聚团队、分工合作等作用，在服务中能有效完成工作要求、取得良好的工作成效。

二、做好专业技术职务提升规划

（一）什么是专业技术职务规划

科学地、系统地提升专业技术职务，需要利用职业生涯规划等工具帮助我们达到既定的成长目标。

职业生涯规划也叫职业规划、生涯规划，是指个人与组织相结合，在对一个人职业生涯的主客观条件进行测定、分析、总结的基础上，对自己的兴趣、爱好、能力、特点进行综合分析与权衡，结合时代特点，根据自己的职业倾向，确定其最佳的职业奋斗目标，并为实现这一目标作出行之有效的安排。

对于个人来说，做好职业生涯规划，可以树立明确的目标与管理，发挥个人的专长，克服生涯发展的困境，持续修正前进的方向，重新认识自己的价值并使其增值。

对于机构来说，可以了解社会工作者的目标，安排相应的培训体系，将社会工作者放在最适合的岗位，将个人和机构的目标有效结合，合理优化制度建设。

（二）制订专业技术职务提升规划的方法

做好专业技术提升规划管理有以下四个步骤：

1. 第一阶段——生涯机会评估

将以下几个问题的答案写到纸上：

第一个问题："我是谁?"

第二个问题："我想干什么?"

第三个问题："我能干什么?"

第四个问题："环境支持或允许我干什么?"

第五个问题："我现在拥有的资源有哪些?"

第六个问题："自己最终的职业目标是什么?"

在列出之后，对应 SWOT 分析表，将自己的情况列到表内，分析内部的优势和劣势、外部的机会和威胁。分别评估自己的人生目标取向、自己的能力取向以及发展的机会取向，从而得出最适合自己的生涯路线。

2. 第二阶段——确定目标和行动计划

明确了自己的生涯路线后，需要制订我们的发展目标与行动计划。目标的制订需要符合 SMART 原则：制订的目标必须是明确的、具体的；通过实际行动后可达成的；可以通过前后对比来测量的；目标制订必须有时效性；制订的目标必须和我们的生涯路线相匹配。

举个例子：一线社工立志成为行业内儿童领域的资深实务专家，通过综合评估后确定自己的生涯路线为专业技术路径。就可以结合前面职业成长的 5 个要求，一一作出详细的目标成长计划。比如儿童领域专业能力提升方面，如果社工并无相关专业学习经历且不具备相关经验技巧，就可以设定通过社会工作继续教育的形式提升和补足专业服务知识，推进自我知识体系完善，从而具备相关工作职级的要求。

3. 第三阶段——执行计划

制订了详细的行动计划后，最重要、最困难的就是执行。怎么才能让自己在原定的计划内按期推进我们的进度呢？

（1）要时刻自我觉察。每次在想要拖延或者不想再做这件事情的时候，想想为什么，保持清醒很重要。

（2）要改变内心排斥努力的状态，热爱你的成长，客观评价自己的状态，接受自己的现状，接纳想偷懒的自己。一有进步就立即称赞自己，这既是反馈，也是自我激励。

（3）要懂得放弃。如果你对一个目标非常抵触，刻意地克制自己，积极行动简直就是折磨自己，就需要深度分析一下，这个目标是不是真的适合自己，自己是不是需要这个能力。如果不适合不需要，就大胆放弃。

（4）要学习利用整合资源。社会工作者的职务规划相较于其他行业而言有很大的不同，督导在社会工作者的成长过程中扮演着重要的角色。社会工作者可以充分利用整合督导的支持资源，协助自我成长，为职业规划执行提供指导。

4. 第四阶段——评估和反馈

必须为自己制定的目标和计划设立完成时间，运用阶段化小目标法，逐步落实、稳定推进。每月定期复盘自己的行动路径，复盘自己的成长和阶段性完成情况，将自己的成长计划共享给机构负责人与同事，让同事也看到自己的成长目标与计划推进情况。在计划推进顺利时，要做好正向的反馈，及时奖励自己。在计划推进不顺利时，需要及时反思未能按期推进的原因并修正。

三、在日常工作中对应相关要求逐步提升自我

（一）主动学习，取得社工职业资格

社会工作者职业水平考试是以能力为本的考试。因此，参加考试的考生必须在掌握社会工作专业知识的基础上加强分析问题、解决问题能力的

培养。在学习和记忆这些专业知识的过程中，一定要与自己的实际工作相结合，在理解的基础上记忆和领会知识点。只有这样，才能在遇到服务对象求助的时候准确识别出问题，有针对性地选择解决问题的实务工作方法。这种识别问题、选择方法的过程就是运用知识并将知识转化为能力的过程，也就是我们所说的知识与能力相辅相成。

这种建立在社会工作专业知识基础之上识别需求和处理问题的能力，必须经过一段时间的训练才可以表现出来。所谓能力考试，重点就是考查社会工作从业者运用有关社会工作知识来识别服务对象需求，评估服务对象问题，并提出解决问题方法的能力。

这种能力考试的特点体现在命题形式上，就是给出一定的情境及人们在此情境下所遇到的问题，要求考生去分析和解决具体问题，对能力的考查就体现在对现实情境中问题的理解和把握上。因此，仅仅通过学习指导教材、背诵记忆一些书本上的知识点是远远不够的。基于此，对备考社工师考试的社会工作者有以下几点建议。

一是全面掌握社会工作的基础知识。全面系统地精读教材，既要把握住整体的知识结构、框架体系，又要精准地掌握每个具体的知识点。教材是考试的主要依凭，万变不离其宗，学通学透教材是考试过关的基础。

二是加深理解知识重点。从以往出题的经验来看，基本上所有的考点均在参考教材后附的《考试大纲》范围内。考生可以通过近三年或近五年的真题练习与复盘，加深对重要知识点的理解记忆，也可以结合实际工作理解和应用社会工作专业知识。

三是制订科学合理的学习规划。社会工作者职业水平考试的准备时间比较短，特别是大部分的考生都是从事实际社会工作服务的人员，缺少专业训练，考试的内容如此广泛，需要记忆的知识点如此之多，这就需要考生制订科学合理的学习规划。

四是学会合理使用工具。在备考过程中，可以通过各种平台线上考前辅导课程系统学习知识点，并利用真题库进行巩固记忆。另外，可以加入地区的学习群，积极参与群内互动，与群成员共同备考比一个人埋头苦学更有效。

（二）学以致用，提升实务专业能力

知识储备和实践能力是影响专业服务水准的两个重要因子。提高专业服务的能力，是一种在具备一定专业知识后，在社工服务领域的实际工作中，如何运用知识、调动环境中与之相关的资源达成目标的能力。

1. 熟悉政策，精准施策

政策是最重要的资源流向的指示牌，一项政策的出台，一定是经过深思熟虑和深入调研并且符合社会现状的，或许宏观，但方向指引很明确，而且意味着社会资源会往政策的方向进行一定程度的倾斜。驻站社工服务与民政兜底服务、妇联妇儿服务、残联残障服务等多方服务息息相关，全面掌握政策、熟悉业务有利于打通政策惠民的"最后一米"。国家有很多好的政策，社会工作者可以成为更扎实、更精准地整合链接政策资源为服务对象解决困境难题的人。

2. 服务下沉，扎根本土

社会工作是跟人打交道的行业，最看重的是解决问题的实务能力，一切的理论都需要落地到实际当中。社会工作者需要用本土化的方法真实满足当地需要，而这非常依赖于社会工作者对服务辖区的了解是否完整和翔实，聆听与沟通是这个过程的捷径。在每一个服务想法或者方案形成之前，要进行小调研，即和一定数量的村干部、辖区党员、居民等群体进行想法上的交流。大到服务思路、服务目标和服务路径，小到时间和场次的安排，均可与利益相关方进行沟通，确保服务的有效性。

具体的方法可以是入村（社区）走访、问卷、电访、微信沟通等。沟通的前提是社会工作者需要在心里先有大概的行动计划和方案，有初步的执行想法，因为这个过程是彼此做加法的过程，而不是直接找利益相关方要服务内容的过程。

3. 善于学习，用以实践

善于学习是保持和提升水准的重要方式。社会工作行业在不断发展，新的技术不断传入，利益相关方对社会工作者也不断产生新的期待，课本上的个案工作、小组工作、社区工作没有办法帮我们解决所有实际问题。

要善于寻找学习的途径，让自己成为一块海绵，只有不断横向跨领域学习和纵向深入学习，才能去解决更多的问题。

要提升理论基础，可以通过阅读专业书籍，或者关注活跃的在线学习平台，参加线上学习。社工可以尝试使用这些方法运用到实际的工作当中，或者分享给身边的社工，促进知识的吸收和运用。

4. 模仿创新，快速迭代

模仿的对象决定了你能学到的高度。创新很优秀，但模仿也是一种高效的实践方式。我们站在前辈的肩膀上，能够有效地取长补短。湖南的"禾计划"出台之后，很多地方都在湖南模式的基础上模仿创新，快速地创出了自己的乡镇社工站模式。社工的服务也是一样，可以在模仿的基础上创新出自己的服务亮点，打出自己的服务名片。

提高服务水准，需要创新精神，这种精神追求每轮服务都要有新突破和变化。每一项优质服务的诞生，一定会经历多次的迭代。虽然过程中一定会有很多做不好的地方，但是只要再组织一次，把不好的改正，就已经完成了一次迭代。

（三）共同行动，提升团队管理能力

如果你作为团队负责人，如何管理这个团队呢？如果你作为机构管理岗位工作人员，如何保证机构服务运营和发展呢？如果你作为开展专业服务的执行社工，如何带领志愿团队协调分工完成任务呢？对于一线社工、项目负责人、机构管理者来说，掌握团队管理能力是非常重要的。在实际的管理工作中，可以借鉴"9个C"的管理模式。

1. Connection（关系）

社会工作者是否尽职工作，是社会工作和管理者关系的直接反映。机构管理人员与一线社工的关系如何，是否重视一线社工，直接影响社会工作者是否敬业工作、是否能保持高度的责任感。

2. Communications（沟通）

机构管理者应该公开、毫无保留地与社会工作者交流沟通，与社会工作者积极分享机构发展等重大事件、决策和信息等，增强社会工作者在机构中的主人翁意识，达成社会工作者与机构的心理契约。同时，管理者必须清晰地表达机构对社会工作者的期望，并为社会工作者的工作成绩提供有效的反馈。

3. Compliments（赞扬）

没有人愿意接受管理者的不信任与不认可。机构管理者在工作中对社会工作者的表扬与认可所带来的积极效果要远远超过批评。

4. Concern for Due Process（尊重过程）

机构要以人为本，尊重并接纳社会工作者的不同工作风格、处事方法，提高社会工作者对机构文化的满意度。对许多有抱负的社会工作者而言，高薪职位只是他们来效力的诱因，其建议或创意获得采纳才能给他们带来更大的成就感。

5. Commitment（承诺）

机构要通过向社会工作者提供可以预见的职业发展轨道和有前景的机构战略规划，增强其工作的动力，提升其对自身发展前景的满意度。

6. Contribution（贡献）

机构管理者要认同肯定社会工作者对机构的贡献，让社会工作者知道自己在这个团队中是有价值的。

7. Collaborate（合作）

机构团队要有良好的合作氛围，相互信任。

8. Charisma（感召力）

机构管理人员要具备使他人信服、赞同的人格感染能力。要通过塑造行为示范、开放、亲和、自信和正直的领导者形象，获得社会工作者的信任与支持。

9. Career Plan（职业规划）

机构管理者应该为每一名社会工作者量身制订个人成长计划，为他们规划一个具有挑战性、有意义的职业生涯。否则社会工作者很容易产生职业倦怠感。

第二节　加强人才激励保障

乡镇（街道）社工有其区别于一般社会工作场域的特定职业环境和职业动机，他们的工作场域为其长期生活的乡镇（街道），一般都是本地土生土长的青年人。乡镇（街道）社工的职业选择主要与外部的职业环境和个体的职业期望有关，涵盖薪酬待遇、劳动条件和职业发展等综合因素，因此需要积极回应乡镇（街道）社工职业期待，改善从业环境，加强乡镇（街道）社工人才职业保障和激励措施。

一、基于职业分层理论视角提供系统支持

职业分层理论有助于我们更好地理解乡镇（街道）社工的职业发展。乡镇（街道）社工职业遵循职业发展的基本特征和共同规律，与其职业中潜在的政治权力、经济收入和社会声望密切相关，基于此可以较准确地描述和解释，作为新型职业的乡镇（街道）社工在当前职业分层体系中所处的位置，以及乡镇（街道）社工从业者如何进行职业选择、如何促进其职业发展。韦伯在划分社会阶层时，采用了财富（经济）、权力（政治）、声望（社会）三重标准。中国社会科学院社会学研究所"当代中国社会结构变迁研究"课题组以职业为基础，通过职业对组织资源、经济资源和文化资源的占有状况将社会结构划分为十大阶层，组织资源对应政治权力，经济资源对应经济收入，文化资源对应社会声望，三种资源之间往往相互勾连并产生连锁效应。

从职业分层的视角看，尽管乡镇（街道）社工整体经济收入较低，但在乡镇农村场域中具有较高的社会威望、较丰富的政治参与机会、较强的职业适应能力、较明显的本地生活与工作经验和入职门槛低等优势，这些是驱动本地青年成为一名乡镇（街道）社工的重要动力。加强乡镇（街道）社工人才队伍建设，需要从经济利益、政治参与、社会声望等多个维度提供激励保障。

二、基于增能理论视角缓解社工无力感

受到服务基础、保障条件、认知观念、经验技能等多方面因素影响，初期阶段社工站和社工更多从事行政事务工作，难以显现出专业服务成效，时常伴随各种无力感。增能理论认为，无力感是由于环境的排挤和压迫而产生的。造成无力感的三个根源是：自我负向评价，与外在环境互动过程中形成的负面经验，宏观环境的障碍使其难以有效行动。增能理论启示我们可以从多维度给社工提供支持，避免将工作困境单一或过度归因为自身能力不足而强化自我负面评价。

基于此，可以从4个方面着力缓解社工无力感：一是减少乡镇（街道）社工自我负面评价，形成正确的自我和行业认知；二是增加成功的互动经验，要看到自身优势及已经获得的认可；三是消除外部环境障碍因素，加强专业督导支持和职业保障支持；四是学习掌握新的技能，有步骤地学习掌握与现有工作直接相关的技能。乡镇（街道）社工技能提升避免面面俱到，要结合工作实际确定优先学习掌握的技能。

应基于乡镇（街道）社工人才特点进行本地化培养。针对乡镇（街道）社工先上岗再学习的基本情况，适合采用"本地优势+政策运用+方法技能+知识理论"的路径方法，引导社工在服务中学习。在人才培养中，首先要注重本地社会资本优势发挥，运用本地经验和知识解决问题；其次要加强民政对象服务的政策学习，向民政干部学习政策运用和综合经验，充分发挥政策作用；再次是有侧重地学习工作实际需要的综合技能和专业技能；最后是逐步加强专业知识和理论学习。

三、科学评价工作服务成效，提升效能感

乡镇社工站建设与服务供给具有很强的计划性。招标的任务指标和验收的评估指标直接影响社工的精力投入与作用发挥。访谈显示，指标设置需要警惕三种不当做法：一是指标中过度强化行政事务，淡化专业服务；二是将社工岗位设置在部门科室或办事大厅；三是完全按照个案、小组、社区、探访等工作方法设定指标。前两种是变相的劳务派遣，易导致社工脱离专业服

务场域，难以发挥专业功能。第三种看似"专业"实则是"以方法定指标"，曲解了专业的含义——个案、小组等方法是手段，运用这些方法所回应的需求、解决的问题、探索的议题才是目标，避免方法与目标倒置而使得社工陷入"以方法为目标"的误区，忽视对群众关切的洞察及实际困境的改善。

任务指标设置时，需要根据本区域实际情况，侧重和聚焦人群需求议题，引导社工分阶段集中优势资源，聚焦群众关切，持续稳定探索，逐步形成区域性的专业服务品牌，也促进社工在特定领域专业技能的学习提升。

评估指标设置时，需要处理好社工站项目验收评估和社工站发展水平等级评估的关系。社工站项目评估验收指标通常包括任务完成、自身成长、价值理念、技能水平、群众认可等多个维度。发展水平/等级评估指标具有很强的规范建设和方向引领价值，常用于创建评比，部分地区采用发展水平评估指标开展年度项目验收评估，使得评估内容远远超出项目工作范畴，不利于年度工作成效评价和工作指引。

乡镇社会工作人才长期扎根村社一线，广泛分布在街镇基层，可以结合乡镇社工人才特点和实际情况，制定适合本地区的"乡镇社会工作人才培养—使用—评价—激励办法"或"乡镇社会工作人才队伍建设实施办法"，不断加强社工人才保障激励，整体提升乡镇社工人才效能感。

第三节 拓展政治参与机会

社会工作是党领导下为困难群众服务的专业力量。乡镇社工站主要设立在乡镇和村庄，地点远离城区且分散分布，从业者以本地青年为主，主要服务辖区儿童、妇女、老人、残疾人、社会救助对象等群体。在乡镇社工人才队伍建设中，需要按照党管人才原则，准确把握党建与社会工作的内在契合性，增强乡镇社工政治素养，[①] 畅通政治参与渠道，发挥好密切

---

① 童敏，许嘉祥，蔡诗婕. 大党建与社会工作：党建社会工作实践的现代性反思[J]. 社会建设，2021，8（2）：35-45.

党群联系的桥梁纽带功能，促进党和国家政策顺畅通达群众身边。

一、加强乡镇社工政治素养

1. 突出党建引领，确保正确发展方向

社工应常态化参与所在社会组织或驻点地区党组织开展的主题党日活动，要深入学习贯彻习近平新时代中国特色社会主义思想和党的二十大精神，紧贴实际，始终用党的先进理论武装头脑，不断增强"四个意识"，主动担当作为。要突出党建引领，始终做到"两个维护"，认真贯彻党的路线方针政策，努力推进社会治理现代化，全面深化社会工作创新，全面普及公益文化理念，全面提升服务能力。要将党建设成为引领社会工作发展的"红色引擎"，凝聚起社会工作发展的强大正能量。要通过党建引领，使社会工作行业规章、制度建设在原有基础上进一步规范，加强社工行业自律建设，规范社工组织法人治理，提升社工机构负责人综合能力，为社会工作更好地服务于经济社会发展、社会和谐稳定打下良好基础。要时刻体现、处处展现自己是一名服务于民的社会工作者。

2. 突出专业引领，稳固优秀人才队伍

2006年党的十六届六中全会作出"建设宏大的社会工作人才队伍"的决策部署，我国社会工作得到快速推进，社会工作的政策制度、人才队伍、专业服务、发展环境都有了明显改善和显著提高。建设一批结构合理、素质优良的社会工作专业人才队伍，是加强社会建设、增进民生福祉的基础性工程。随着社会工作人才队伍建设趋于完善，社会工作在参与基层社会治理、促进乡村振兴发展等国家重要部署工作中发挥了更大的作用，为提升社会工作政治参与提供了基础。

3. 突出情怀引领，筑牢助人为本根基

社会工作以助人为本，坚持"助人自助"专业理念，要突出公益性原则与发挥第三方优势作用，既要传达解读政府政策，又要聆听服务对象心声。在服务场域，既要充当政府服务力量，又要站在老百姓的角度和位置思考问题，及时回应群众关切，特别是困难群众的合理需求。要体现作为一名社会工作者的良好专业素质，既要讲究服务方法，又要不断改进服务

技巧，要用自己的社工专业能力和用心用情的贴心服务换取群众的支持和充分信任。社会工作者要走到群众的家里去、身边去、心里去，从内心深处为困难群众着想、排忧、解难，要敢为群众发声代言，时时筑牢助人为本根基，这也是社会工作者增加政治参与机会的根本途径。

二、熟悉多种场合交流对话"语言"

语言是人类沟通交流的工具，精通某种语言有利于我们快速地融入当地文化，了解人们的思维方式和做事风格。社会工作者为创造和谐社会而努力，至少需精通以下三类语言，成为社会各阶层之间沟通的桥梁，也是增加政治参与机会的重要基础。

1. 政府语言

近些年社会工作行业的大跨步发展，与政府的大力支持是分不开的。社会工作者相对于政府部门而言，具备更大的灵活性和更贴近民情的优势，有助于解决政府的行政服务力量不足等社会问题。社会工作者精通政府语言，也就具备了与当地政府部门沟通的基础，这样才能商谈出双方满意的服务项目。要精通政府语言，社工应做到以下三点。

一是关注被纳入当地政府工作的大事，这些一般都是政府年度工作重点，社会工作者要看其中有哪些是涉及社会服务的内容，可以从中寻找与政府合作的机会；二是研究针对当地各类服务对象人群（如一老一小、残疾人、外来务工人员、单亲家庭等）的政策法规等，了解针对这些人群的服务重点，并善于利用这些政策法规与相关部门协商，为服务对象争取权益；三是积极参与当地政府和群团组织的各类服务，例如民政部门组织的一些帮扶活动、团委组织的志愿服务活动、妇联组织的关爱妇幼活动等，在积极的互动中让政府部门以及与政府部门关系密切的群团组织了解和信任社会工作者。

2. 群众语言

社会工作者扎根社区，需要和当地服务对象同呼吸、共命运，这样才能倾听他们的心声。服务对象受限于自身的文化水平，表达出来的话语常常是零散的、感性的，甚至是冲动的，难以被有关部门重视和理解，这时候就需要社会工作者进行梳理和总结，将群众的语言上升到有逻辑、讲理性的话语层面，并充分结合各项政策法规，为服务对象争取和整合有利的政府资源。服务对象往往很难理解政府的官方语言，无法正确、全面地理解政府文件，这时也需要社会工作者发挥解释和疏导的作用。要精通群众语言，社会工作者应做到以下两点。

一是长期扎根社区，用心倾听服务对象的心声，并将其进行梳理和总结，形成理性的调查资料；二是将"高大上"的政府语言用通俗易懂的表述传达给服务对象，并让服务对象能很好地理解这些政府语言。做好两者之间的沟通，社会工作者才能起到社会润滑剂的作用，使得政府的服务意图能够更好地抵达基层，群众的心声也能顺利传达给政府部门，最终得以解决社会问题。

3. 专业语言

社会工作专业来源于西方，而中国社会工作发展有着许多与西方国家不同的背景和基础，很多理论和模式直接翻译过来之后，难以为本土的社会工作者所理解和运用。这就需要社会工作者结合自身的实践和具体情况，将外来的切实可行的社会工作理论和方法本土化。社会工作有系统而庞大的专业知识体系，它涵盖多个领域，涉及多种介入形式，运用多种理论，采取多种服务模式。因此，社会工作者要做好本职工作，必须精通专业语言。专业语言可以通过不断学习和参加各种培训、实践来获取专业知识。利用专业知识，社会工作者可以更加理性、全面地解读社会现象，还可以与同行、专家进行互动交流，产生新的灵感，推动服务发展。要精通社会工作语言，社会工作者应做到以下三点。

一是积极学习社会工作理论和方法，并将其专业化、本土化；二是在实践中不断反思和总结，不断丰富和完善本土的社会工作语言；三是积极进行互动和交流，在互相碰撞中促进社会工作行业发展，使外来的理论和方法更适合本土服务需求。

三、加强政策倡导，促进多方联动

1. 加强行动研究，推进政策倡导

政策倡导是社工的重要服务技巧之一，但事实上在服务中受重视程度远远不够，倡导多停留在"呼吁"层面，缺乏政策倡导内容论证、条件与流程细化等，这极大地影响了社会工作倡导功能的发挥。政策倡导是动态推进政策制度修改完善、制定出台的过程，但凡有益于服务对象，小到优化一项服务内容、缩减一个服务流程，大到助推出台新政策制度、扩大政策覆盖范围等，都属于社会工作政策倡导的重要组成部分，社工应给予持续的鼓励和支持。

2. 夯实群众基础，促进多方合作

社会工作者应该不断扩大与政府相关部门的"朋友圈"，要通过参与活动、上门拜访、在公共会议场合积极建言献策等方式，广交政府相关部门的朋友，要充分引起有关领导的关注重视并得到相关部门和领导在专业服务上的支持、肯定和认可，要利用自己的专业技术给予对方更多中肯的意见和建议，要多参与政府部门开展的优秀个人、先进典型、行业模范、示范引领、优秀案例等方面的评优评先活动，要以实际服务事迹争取市、区、所在街道等在社工方面的政协委员、人大代表、行业代表、优秀党员方面的竞选资格，要增加代表社工界的政治头衔，从而获得更多的政治参与机会。

第 9 章

社工人才成长故事

湖南省长沙县开慧镇社工站李柳英：
莫听穿林打叶声，社工吟啸且徐行

回家乡

"妈妈，你那一柜子的漂亮裙子都浪费了。"2012 年从广州回到湖南省长沙县葛家山村时，当时才 8 岁的女儿点典常常这样对我说。

1996 年从湘江师范毕业后，我一直就职于原广州军区后勤部幼儿园。2012 年 5 月父亲离世，为了陪伴年迈孤单的母亲，毅然回到家乡长沙县葛家山村。

缘于一场志愿服务，协助乐和乡村项目建设社工设计一档乡村旅游亲子活动，深度了解了社工，认识了"乐和"理念倡导人廖晓义老师，于是加入了这个团队，成为一名专职社工。

建家乡：激发村民中的正能量

成为社工后驻点的第一个村是长沙县白沙镇双冲村。最开始村里还没有社工站，每天都在不同的村干部家里轮流吃饭。入村走访时，中午基本没有时间休息。连续踩着单车走访调研，曾被三条狗追过。

自己的户籍是开慧镇葛家山村，从家出来有一条路一直连接到乡道上。道路两旁是水田，有人种了黄豆，收割完以后总是会有一些杂物掉在上面，种水稻时也会有收割机等轧过，一堆堆的泥掉在路上。下班后我会拿个扫把过去扫一扫。刚开始的时候妈妈说："就你勤快！那条路根本不用你去扫它，待会儿有保洁员来扫。"因为这件小事，我开始思考"乐和"对于整个乡村的意义到底在哪里。这不是个案。在当地，卫生保洁是政府出钱请的人，一直扫到你家门口。像母亲这样原来特别热心肠的人，现在怎么有了这样的依赖推诿思想呢？连自己妈妈都有这样的想法，也就不难理解其他村民"干吗去扫啊？反正有人扫，政府出了钱的！"乡村发展过程中有了这样的心态，主人翁意识哪里去了呢？

随着"乐和"互助会一个个建立起来，晚上经常开会，大家会聚在一起商量修路、捐钱的事。这些妈妈都看在眼里，我还把互助会的宣传折页、案例等资料带回去给她看。终于有一天，妈妈说："原来不可能发生的事情竟然真的被你们做到了。"

"说到人与人之间的变化，是因为有了互助会，社工通过走访把互助会激活了以后，大家就觉得做什么事都能够找到人了，知道可以找谁了，有个商量的人了，并且有个带头人了。乡村是个熟人社会，做任何事情时，当有一个正能量发声的时候，大家就全部都是正能量的声音。"社工就是把村民中潜藏的正能量给激发了出来。我从未觉得做社工奉献了多少，或者有多么辛苦。我唯一能确定的是，做这些事情的时候内心很满足。

入职社工站 3 个月后，我们开始自己做饭。每天骑着单车在村里走访半天后，中午回到社工站，桌子上总是有几根新鲜的黄瓜，或者一把新鲜的蔬菜，我知道这都是附近的村民送来的。在村民家走访的这几个月，村民早把我们几个社工当作家人看待。在双冲村的经历，让我逐渐成长为一名成熟的社工。

用情感沟通，把村民当家人

一周 5 天工作时间，没有一天是坐在办公室的。每天骑着单车挨户走访，了解"乐和"的进展，了解村民的需求与问题，风吹日晒，落雨下雪，从未间断。现在在村中，村民都把我当作自己家人，哪怕是家里炒出来的豆子，看到我骑着单车经过，也要给我抓上两把来尝尝。

作为"乐和"社工，与村民进行深入、真诚的沟通是基本功。这中间也有自己的一些"妙招"：比如说年纪轻一点的、没有在家里面的，我们要获得他们的支持的时候，发个短信、问候，或者生日的时候发个祝福的短信，立刻就把沟通的桥梁架起来了。

龙塘组想修路，需要村民筹措 16 万元经费。这笔钱从哪里来？于是与该组互助会会长黄军武一起，联系了该组在外地工作、经商的年轻人。首先发短信跟大家沟通，诚恳说明村组修路的事情，再打电话逐一确认，联系好了以后请黄会长一个一个通知。考虑到外面的人全部回来车程远，就把见面的地点定在县城星沙。那天晚上我们只预约了 12 个人，结果来了 16 人。当天晚上的氛围特别好，大家现场就捐了 6 万多元现金。哪怕是现场没有捐款的，我们社工的沟通问候也一直保持着。

在广州当幼师时，我最喜欢的衣服就是旗袍，衣柜里挂着 30 多件各种款式和质地的旗袍。女儿点典最喜欢看我穿着旗袍和高跟鞋走路生姿的样子。现在的我，一件 T 袖衫、一双运动鞋、一个双肩包、一辆单车就是出行的全套装备。现在也就是做培训的时候有穿正装、旗袍的机会。但脚印已经踏遍葛家山村 19.38 平方千米的土地，村里的小狗都认识我，见到了会摇尾巴。

快乐是最大收获，不能用物质衡量

2014 年，葛家山村社建组互助会第一次组织村民义务除草活动。到了预定时间，却没有一个人到场。我们几个驻村社工戴着草帽、拿着镰刀，在盛夏的烈日下先做起来。他们在屋里的窗后面看，但是都没有出来。我们社工也顾不上这么多，弯腰割了两个多小时的草之后，那些注视着我们的人开始有了行动，一户家里的门打开了，两户家里的门打开了，村民们带着镰刀来了。到傍晚太阳将要落山的时候，社建组在家的所有村民都来了，我们没有开口，父老乡亲们主动把割好的草都处理好了。尽管烈日下的半天劳作让大家的手心火辣辣地疼，但心里却是一派翻江倒海后朗朗晴空般的清凉。

还有一件最为行业社工们所称许的事情，就是花了将近半年时间入户调查，征求村民意见，为葛家山村做出了"乐和"乡村所有试点村中的第一个"三事分流"细则，把村里的大大小小各种事务分门别类，总共 164 条，与 34 个村民组的互助会代表保持密切的往来。我们经常笑谈："谁家有了口腔溃疡我都知道。"

快乐是最大的收获。当"乐和"社工的收入，只有之前在广州工作时的三分之一，但收获是不能用物质衡量的。每当去到一户村民家中，他愿意给你泡上一杯豆子茶、说上一句心里话，工作才算做到了位。

"村民就是一本书"

初到葛家山村时，大家善意地提醒我：村里的昌甫组有个"专业上访户"70多岁的罗嗲，专门为村民上访出点子、写"状子"，不要轻易去他家走访。在"近、敬、亲、情"的社工四步走以后，社工搭建平台，成立了志愿者互助会，以罗嗲为代表的志愿者们按照"三事分流"的模式，于2014年下半年建好了小水利，每户门前都修起了生态路，全年没有一户村民上访。

2014年腊月二十四日小年，去罗嗲家慰问。罗嗲正在家里的屋顶上做些修缮工作。看到我的到来，罗嗲从架在房檐边的梯子上慢慢爬下来。他一声不响地从屋里搬出来一张桌子，摆上纸笔。当时我的心里一沉，想着罗嗲可能又要写"状子"要我传递了。谁知罗嗲洋洋洒洒书写完，放下笔，我仔细一看内容，差点掉下泪水，罗嗲提笔写下的竟然是一封给党委、政府的"感谢信"。

荷家组一位老人过世，两个儿子都不愿管，最后是该组互助会会长黄胜利拿出6000元钱把老人安葬："一定要让老人入土为安。"老人的两个儿子在互助会为老父办的葬礼上号啕大哭，表示此后一定重新做人。

"村民就是一本书。"无论他们曾经做过什么，他们心中那份对土地、对村庄深厚质朴的感情其实从未改变。

宅家乡：和而不同，美美与共

2019年2月，湖南省乡镇社工站启动，因为项目招投标的缘故，"乐和"乡村的社工变成了长沙三和社会工作服务中心的"禾计划"项目社工。2022年2月，三年项目到期，执行开慧镇基层社工站的机构换成了长沙市政和社会工作发展中心，我依然充满朝气地行走在乡村，坚守着一个农村社工的初心：三易其主，"和"而不同，美美与共！

湖南省常宁市塔山瑶族乡社工站陈利敏：
抓住每次学习和成长的机会

我是在 2019 年 5 月 13 日正式加入齐心社会工作服务中心的。当时在齐心社会工作服务中心的安排下，在宜阳办事处实习了一个月，初步了解了社工的工作性质，协助民政部门参与了一部分工作，如退伍军人信息采集、低保户入户调查、开展关爱留守儿童活动等，为以后开展社工服务工作做好准备。由于刚刚接触社会工作，可以说完全不熟悉，只能勤问、勤学、勤动手，不断提高自己，抓住每次让自己学习和成长的机会来适应这份工作。一个月后，我对社工的工作有了初步的了解，也适应了社工的基本工作任务。

6 月 17 日，我被齐心社会工作服务中心安排到塔山瑶族乡社会工作服务站。塔山瑶族乡是地处岭南深山的边远瑶乡，是衡阳市唯一的少数民族乡，地处高寒山区，给人的第一印象便是偏远。虽然经过脱贫攻坚，山区公路已普及，但蜿蜒崎岖的山路的确难走，来回城区住处极其不便。刚来时由于床位吃紧，我被安排住在乡敬老院，随着与敬老院老人接触的时间越来越多，我也在生活上充当了老人们"儿女"的角色，尽心尽力地帮助老人们做一些力所能及的事。在冬天，我会特别关注老人们的用火用电安全，确保不发生意外。

记得第一次参加留守儿童关爱活动时，我像机器人一样，他们说做什么就做什么，还叫我唱歌给小朋友听，当时就蒙了，一双脚在颤抖，手心都冒汗了，生怕出现一点错误而出丑。然而在后面与群众的交流、活动中，胆子也越来越大了。活动结束后，我也感觉自己的交际能力得到了提升，在以后的活动中也不再胆怯。

从 2019 年到 2022 年这 3 年多，通过不断的工作和学习，我认识到社会工作是一个能够发挥我们创新意识与专业知识的平台。面对普通群众，能协助他们解决大大小小的事，工作很有意义。因此，我也格外地珍惜每次培训学习的机会，希望通过学习，转变自身的思维，拓宽自己的视野。无论是待人接物上，还是处理突发事件上，都做得比较出色，用自己的行动影响着周围的人。在面对困难群众时，着重解决他们的生产、生活问题，充分体现"以人为本、为民解困"的服务宗旨，配合民政工作实际，充分发挥社工职能，推动社工工作再上新台阶。

随着思想认识的不断改变，为民办事的感受不断加深，我也在刻意培养、提升自己的工作能力。同时我也越来越清楚地看到社会工作的重要性以及做好社会工作的不容易。3 年期间，我学到了很多业务知识，掌握了与群众交流的技巧，增强了自己的工作能力，磨炼了自己的意志。这 3 年入户走访帮助困难家庭申请最低生活保障 60 户，共计 209 人，为 60 名特困供养人员进行生活能力评估，对农村留守儿童、老人的生活保障工作不定时探访慰问。在冬季等特殊天气关爱留守老人、留守儿童，完成了 190 名留守老人、650 名留守儿童的数据录入，同时对全乡的 13 名事实无人抚养儿童和 5 名孤儿家庭进行入户探望，确保社会救助资金落实到位、监护人监护到位，生活有保障。组织各村残疾人到人民医院和中医院参加办证活动，并和残联一行上门到乡敬老院为行动不便的老人进行办理残疾证服务。对残疾人相关优惠政策进行宣传，并将所有符合"两补"政策的残疾人纳入了保障范围，让困难残疾人真正享受到国家政策保障和关爱。

刘伯是塔山乡敬老院的一名集中特困供养人员，早在 2012 年，刘伯因为身体原因，丧失生活自理能力进入敬老院。2021 年 1 月 22 日，刘伯突发疾病，生命垂危，我接到院长电话后，立马驱车赶回塔山接刘伯去市中医医院接受治疗。由于市中医医院医疗技术和设备有限，只能抓紧时间送刘伯去衡阳市附一医院接受更专业的检查和治疗。一路上，我不时询问刘伯的身体状况，并细心地照顾刘伯直到附一急救中心。我和同事全程陪同刘伯就医、登记资料、诊疗、身体检查、交费等，一直忙到凌晨 3 点多才松下一口气。虽然忙碌，但我在这个过程中增强了获得感。后来在与刘伯的交谈中，刘伯常感叹自己是幸运的，并感恩党的关怀，过去年代的艰苦一直牢记于心，如今拥有宽裕的经济条件都是因为共产党为老百姓谋福利。通过这件事，我更加坚定了为民服务的宗旨，为以后的工作打下了坚实的基础。

社工站作为基层治理的重要平台，社会工作者就应该有效地将社会工作与党建工作相结合，将党建服务中心作为社工站的重要服务载体。因此，我于2021年向齐心党支部递交了入党申请书。通过发挥党建引领的作用，将社工站建立在离人民群众最近的地方，打通了服务群众的"最后一米"。结合乡镇基层党建工作开展活动，为村民搭建交流互助平台，弘扬"奉献、友爱、互助、进步"的志愿精神。工作中，我们始终坚持以人民为中心，提升自身服务水平，增强了村民的幸福感、获得感和对社工站的认同感。

光阴似箭，日月如梭。转眼间，我从事社会工作已有3年多。这一路走来，有许多迷茫与辛酸，也想过转行，但最终我还是坚持了下来。如今经过一段时间的努力与沉淀，虽没有特别亮眼的成绩，但我的自身成长是显而易见的。只有不断地提升自己的工作经验，耐得住寂寞，才能使自己的专业能力不断提高，进而更好地为人民群众服务。

湖南省冷水江市渣渡镇社工站李文静：
越来越喜欢社工这份职业

大家好！我是娄底市温心家园社工中心的社工李文静，是娄底市冷水江人，在冷水江市渣渡镇做乡镇社工。从建站开始到现在4年了，越做越认同和喜欢这份职业。这几年我们做了许多很有意义的事情，很高兴有这个机会和大家交流。想来想去，还是用介绍交流的方式，更容易让大家了解我的工作和成长。下面我从辖区概况、办公环境、工作任务、工作关系、人员配置、社工入职、服务开展、工作成效、成长反思9个方面和大家交流，也是我这4年来的社工之路。

一、辖区概况

渣渡镇是冷水江市的一个乡镇，包括杨桥、杨新、周头、梓坪、滴水、龙头新、渣渡、银溪、利民、新利、双丰、铁山、和平13个村委会和渣渡、木瓜2个社区居委会，总面积74.97平方千米，总人口3.2万余人。留守儿童之家8所（和平、杨桥、杨新、周头、梓坪、滴水、双丰、铁山留守儿童之家）；日间照料中心4所（铁山、和平、梓坪、双丰）；城市低保363户768人，农村低保403户815人；留守儿童282人，事实孤儿27人，特困供养人员65人；90岁以上高龄老人81人，100岁高龄老人2人；残疾人975人。

渣渡社工站主要针对老年人（含敬老院、日间照料中心、留守老人等）、留守儿童、低保户、特困供养人员等各类群体，开展家庭探访、心理健康教育、社会支持、资源链接、增能培力等专业化服务，解决存在的各类社会问题，为社会工作发展助力，为建设美好渣渡助力。

二、办公环境

我们的办公室设在渣渡镇政府办公楼里，与乡镇民政室相邻。我们到岗的时候，市民政局要求乡镇为我们配备了 3 间办公室，有社工办公室、小组活动室、个案工作室，每间办公室都配备了空调、办公桌椅、文件柜、电脑、打印机等办公设备，办公设备由民政局和机构统一配备添置。

三、工作任务

我们站的工作主要有三部分。

一是站点的年度工作任务。包括专业社会工作和民政行政事务。专业社会工作需要我们运用个案、小组、社区等专业社会工作方法开展服务，民政行政事务就是我们日常做的敬老院的管理服务、日间照料中心和儿童之家的运营、困境群体兜底救助、分散供养对象的探访、城乡低保的入户核查、村务公开栏的监督管理、社会组织和志愿者队伍的培育、民生政策宣传倡导等工作。这些是常规工作，都有具体的量化指标，是绩效考核的一部分，也是社工站开展工作的基本依据，站点会分解到每月完成，形成年度计划和月度计划。

二是市民政局临时安排的工作任务。如疫情防控工作、防溺水工作等，通过总站向分站下达，而不是直接下达分站。

三是镇民政室临时安排的工作任务。如每年的各项救助、残疾"两补"、系统录入、表格制作等，日常工作我们直接配合，民政室直接安排，如果需要社工用较多时间，民政室一般会和总站先联系，征得总站同意，在不影响社工现有工作开展的情况下，协助镇民政室工作。

这三种任务，在我们的时间分配方面，专业工作约占 60%，民政局和民政室的工作各约占 20%。

四、工作关系

渣渡镇社工站接受市社工总站的领导，协助民政室办公。社工的常规工作、考勤等均由社工总站安排、管理。社工的工作人事关系在社工站运行机构，属于机构工作人员，在站点的工作性质属于总站派驻到渣渡镇的驻站工作人员。社工站与各村的关系方面，我们主要是联系各村（居）的民生协理员及儿童主任。通常民生协理员和儿童主任为同一个人，就是村民政专干。

五、人员配置

渣渡镇政务服务中心干部共21人，其中分管民政副主任1人（同时还分管残联），负责民政工作的专职民政干部4人。渣渡镇社工站配备2名社工，我们两位都是本地人，通过统一的笔试、面试、体检、公示等环节应聘，最后被机构分配到渣渡镇社工站，成为乡镇驻点社工。

六、社工入职

2018年11月，我和同事正式入职渣渡镇社工站。刚开始工作的时候，也曾感到迷茫、手足无措，不知道社工到底能做什么、该做什么，到乡镇之后的工作该怎样开展。

后来通过省厅组织的岗前培训和总站系统的培训，知道了社会工作者的职责是帮助那些在社会生活中遇到各种困难和问题的人。这是一份高尚的、传播爱和正能量的职业，因为它的积极意义，我非常热爱我的工作。我想，任何一个人，只有首先热爱自己的岗位，才会做好这份工作。其次是全面了解社工工作职责，这是我们应该明确且坚持的方向。总站培训有很多学习的东西，比如专业的社会工作知识和技能、文书的撰写、专业活动的开展，这些现在都成了我工作中宝贵的收获。

我们最开始的时候是根据总站的安排，入户走访一些家庭比较困难的人群做需求调研。刚下乡镇一切都不熟悉，需要乡镇民政室的大力支持。我们下村入户走访需要熟悉的人带领，需要乡镇民政室给我们安排。一般是各个村（居）的民生协理员，在他们的带领下我们才能更好地开展工作。在和他们一起走访的时候，首先会和他们交流，了解我们要去的那个家庭的一些基本情况，是为了之后能更好地和我们的服务对象进行交流。

七、服务开展

随着我们前期工作的深入，我对各项工作的掌握程度有了显著提升，开始慢慢随着总站的指示和安排介入政社结合工作中来。冷水江市乡镇（街道）社工站是以"政社结合、专业引领、融合发展"作为项目特色定位，常规工作围绕民政业务展开。

（一）城乡低保入户核查

市民政局把需要核查的人员名单发放下来后，我们会第一时间通知村（居）做好审查资料，在民生协理员的陪同下入户调查，核查低保户家庭的基本情况、家庭成员及其收入情况、身体情况、就业情况、子女情况等，入户观察居住环境，询问邻居，然后把详细的调查情况写成入户调查核对报告，交与民政局审批。在这个过程中，我们的身份是调查者，千万不要把被调查者想成我们的个案服务对象，因为在执行社会救助审核相关工作的时候，我们的身份代表的是民政局，所以要以公平公正的态度去审核这个对象是否符合救助的条件，只要实事求是地把调查的情况反馈给民政局就行。在协助政府部门完成低保入户核查任务和平常的入户走访过程中，我们可以发现一部分群众可能就是我们未来的个案服务对象。

例如在 2019 年一次入户走访中，有一户特别困难家庭，户主是精神病患者，住在精神病院，他的妻子在生下第三个孩子之后不久就离家出走，一直没回来过。大女儿为了两个弟弟放弃学业外出打工，家里剩下两个年幼的孩子没人照顾。我们了解到这个情况后第一时间去到他们家里探访，得知其中一个弟弟旺旺 14 岁，读初三，另一个弟弟杰杰 12 岁，读初一，两人独自在老宅已经快一个暑假了，姐姐（明明，18 岁）年后就去了深圳打工。老宅的旁边是本应该在一年前完工的新房，却因为陆续的意外耽误。2018 年 4 月，一直承担三姐弟照顾责任的奶奶患病去世，长期在外务工的爸爸结束了工作回到了家，新房建到一半便停止施工。当时姐姐面临高考，奶奶去世使得其考试发挥失常，面对家里的困难她放弃了三本选择了打工。爸爸因为家庭的巨大变故与压力，2019 年 4 月被确诊为精神疾病，送入当地精神疾病医院救治，因此姐姐的流水线工作是家里唯一的收入来源，家庭风险较高，基本生活难以保障。社工介入前家庭没有享受政策补助，在进行低保申请时由于家中有新房建设（虽然没有建完）导致申请失败。父亲的残疾证也未落实，相关的国家残疾人政策福利没有享受到，两兄弟的实际情况属于事实孤儿，可以享受困境儿童补助、事实孤儿补助，但未申请。

在了解到这些情况后，我们向当地民政室咨询相关的政策补助，首先向当地镇政府申请2000元的临时救助资金以解决两兄弟的开学生活费与学杂费，然后办理落实了父亲二级残疾证及生活补助、两兄弟事实无人抚养儿童基本生活补贴、两兄弟及父亲三人的最低生活保障。在落实最低生活保障后，父亲的残疾人生活补贴由50元/月提高到100元/月。与两兄弟的亲属进行沟通时，确定由同村的姑奶奶作为临时监护人。服务对象一家的生活得到了基本保障，同时缓解了由于家庭危机带来的紧张、不安情绪，解决了服务对象的监护问题、学业问题，协助服务对象一家生活回归正常，树立了对未来生活的希望。这个案例被湖南省民政厅评为优秀案例奖。

我们在想，在这个案例中，有社工站和没有社工站的区别在哪里？有人可能也会问，没社工站，我们村镇干部、民生协理员也会帮助群众申请这些救助啊，为什么一定需要社工？实际上在基层，村干部对于民生救助政策不一定了解得那么全面和透彻，有一些政策可能他们也是一知半解，碰到某一个环节、某一个条件卡住了，他们就会认为不行。另外，就是村干部和民生协理员有的时候为了平衡村内一些错综复杂的关系，他们也不好出面去帮困难村民申请这些救助，相关救助一般都是村民自己来要求，然后村干部再来协助申请。而社工站对于救助政策会了解得更加全面和透彻一些，同时能切切实实看到村民的一些困难，实施相应的救助，能够彻底地解决村民的一些实在的困难。这个个案中，社工最主要的作用就是整合和落实了一些救助政策。把这些政策在这个家庭落到了实处，确确实实解决了他们一些现有的困难，同时为他们申请了最低生活保障，这是对他们一个较长远的保障。这种工作方式相对于以往的工作方式带来的好处就是把政策落到了实处。同时减少了因为不熟悉政策和申请资料带来的来回奔波而拖延救助时间的可能，及时地对这个家庭进行了救助。

（二）院舍养老管理考核

这里主要讲的就是敬老院的管理和服务情况。渣渡镇敬老院住了 16 位老人，其中：90 岁以上 1 人，80 岁以上 5 人，70 岁以上 2 人，其他都是 70 岁以下；生活完全不能自理的失智失能老人 8 人，其他都是半失能老人，均是集中供养的特困供养人员。另有 49 位分散供养对象散居在家。我们的主要工作是：

1. 敬老院安全管理

每天微信线上监督敬老院伙食情况、食品留样等；每周一次检查，发现问题及时与工作人员沟通。在去年的一次常规性检查中，一来到敬老院工作人员与院长便向社工反映，院内有一位老人私自藏有刀具，经工作人员多次与老人沟通还是无效，担心以后会造成很严重的后果。社工听闻后，随即找到老人询问其为什么要藏刀？老人回答：在半夜总是能听到异响，会害怕，就拿刀敲打床边或者门，这样声音便会消失。社工：你自己不是有拐杖吗？用拐杖敲门是一样的啊。老人：用拐杖没用，必须要用刀才行，感觉鬼害怕那把刀。社工：刀放你枕头下面不安全，我们来检查就是来排除你们是否有安全隐患，是关心你们的身心健康。随即社工想把刀收缴了，老人扬言这把刀收走会再买一把。后来，社工指着房间里的摄像头和老人讲，我们每个房间都装了这个东西，就是用来"赶鬼"的，爷爷你不用害怕，我们能通过这个看到你房间的情况，有事会第一时间来到您身边，我们是专门收拾"妖魔鬼怪"，来保护您的。老人的心情慢慢平静下来，随后走向房间把刀主动交给了社工。消除了老人的安全隐患，社工随后与敬老院的工作人员转述了老人藏刀的真正原因。工作人员告诉我们，老人是因为跟他一个非常要好的室友去世了，在那以后他就感觉房间有鬼，便买了一把刀藏在枕头下面，也不愿与院内其他老人同住与交流。社工在随后的日常检查与活动中都会跟踪这位老人最近的情况，也经常与老人进行沟通，打开老人心扉使其慢慢对我们产生信任。在后期我们特意帮老人举办了一个生日会，让他感受到大集体的关爱。

此外，关注灭火器是否在有效期内，压力是否正常，一旦发现问题督促院长更换。每年一次消防演习，使院内安全方面的问题得到及时有效的处理。

2. 集中供养对象精神文化生活

通过开展不同形式的活动，丰富了老人们的精神文化生活。带领他们玩游戏、做操，邀请志愿者放电影，增添了他们的生活乐趣；根据老人的需求邀请社会组织来敬老院开展活动，丰富了他们的人际交往；社工愿意积极倾听老人诉求，给予适当的回应，让老人感觉被重视。

敬老院每月两场活动，我们也会链接一些资源。许多的学校都要求学生们搞一些社会实践活动，我们就和这些学校或者一些学生家长联系开展敬老、爱老活动。在一些传统节日，我们会组织志愿者到敬老院去包包子、饺子、粽子给老人们过节，这些志愿者都是我们在平常的工作和生活中发现的。社工参与敬老院工作，给老人们带来了更多像是家人子女一般的关怀。社工的出发点是以人文关怀为主，而不是单纯地让他们吃饱穿暖，不受伤害，更加注重老人的精神慰藉。人的最低层次的需求被满足的时候，精神层面的需求也是需要被满足的，而敬老院这些孤独的五保老人，更加需要外界的精神慰藉。社工的出现，开展的各项活动，很好填补了这一空白。

3. 分散供养的特困供养对象走访探视

我们每月会对分散供养的特困供养对象进行一次电话回访，每个季度一次上门走访。电话回访和走访探视的主要目的是给予这些特困供养对象关爱，大部分供养对象都是独居，缺少关爱，常有孤独感。重点走访了解他们的生活状况、身体情况，有没有什么需要帮助的地方。刚开始的时候，我们也会觉得很尴尬，觉得我们的电话回访和上门走访没什么意义，和这些特困对象也没什么好说的，但真正做起来之后又觉得很有成就感。其实这些特困对象特别是一些上了年纪的老人家，他们的要求没我们想象的那么高，他们的生活比较孤单，有人上门和他们聊聊天，关心他们的生活日常，他们会很开心。一开始我们不知道聊什么，到后来他们会主动和我们聊，我们也会根据他们的需求联系一些物资提供给他们。我们在走访的过程中发现铁山村的一位李爷爷，属视力一级残疾，本来和其兄长相依为命，兄长过世后独自一人生活，身患眼疾的他生活不能自理，又不愿去敬老院集中供养，平时只能靠邻居帮扶照料。考虑他一个人生活，生命安全得不到保障，我们多次走访劝说其去敬老院生活无果后，又再次联系市康复医院为其做身体检查，发现他血压过高，在无人监护的情况下随时会有生命危险。为保障其生命安全，我们与村支书和其监护人协商护送他至康复医院住院治疗，并办理入住手续。多次耐心劝解，并带其体验敬老院的生活，终于化解了李爷爷心中的疑虑。现李爷爷接受集中供养，从康复医院转入住敬老院。

（三）儿童之家、日间照料中心建设运营

渣渡镇 15 个村（居），建立 8 个儿童之家，4 个日间照料中心，由于各种原因大多是闲置在那里，没有正常运营的。经过调查了解，没正常运营起来的主要原因是村（居）工作人员事务繁杂，没有时间和精力在儿童之家开展活动。为了促使各儿童之家、日间照料中心规范运营，社工站协助并督促开展各类活动，培养各村骨干志愿者，将工作纳入村工作计划。社工站也协助村庄在儿童之家、日间照料中心开展一些社区活动、小组活动。从兴趣小组到教育小组，带领他们激发自身动手能力，发展业余爱好，学习自我保护知识，让这些儿童一步步成长。每年的六一儿童节我们都会在儿童之家陪孩子们度过，通过各种形式的活动，把欢乐带到留守儿童之家，营造欢乐的节日气氛，让小朋友给在外拼搏的父母、亲人送上感恩祝福，让他们在爱中成长，在感恩中懂得爱。我们还会在儿童之家开展一些阅读小组、亲子角色互扮小组、科学实验兴趣小组、创意绘画小组、手工小组等多种活动。

在日间照料中心，我们会链接一些职业技能培训学校为村民开展各类技能培训，比如面点、文艺、手工和种植技术等各种培训，针对老年人开展一些美食分享小组、老年人手机学习小组、剪纸小组；会链接一些医院开展义诊活动；还有义剪活动、广场舞比赛、棋牌比赛等。通过这些技能培训和活动，不仅让社区待业人群学到了新的技能，提高了就业、创业能力，还融洽了邻里关系，增添了生活乐趣。

（四）村务公开监督管理

社工站每季度对 15 个村（居）进行村务公开监督检查，对未达标的

村（居）进行劝导，督促落实。开展这项工作的主要目的是进一步健全和完善村务公开管理，促进乡村振兴。最开始村内不重视村务公开栏，张贴混乱，社工检查无从下手。经过调查总结，村务公开方面存在的问题主要是公开不及时、张贴不规范等。导致这些的主要原因：一是村里没有专人负责管理村务公开栏；二是村里不知道具体什么时间要公开什么内容，张贴在什么位置。对此，社工有针对性地开展工作，每季度不厌其烦地与村内沟通张贴标准，传达上级要求，通报检查结果，在通报前督促规范整改，同时邀请民政室主任共同监督。通过两年多的努力，村务公开栏张贴有了质的变化，大部分村（居）做到了版面清晰，张贴到位。

（五）社会组织培育发展

志愿者和社区组织是社区服务的重要力量。3 年来，我们每年都策划开展志愿者座谈会，发展志愿者团队，现已在渣渡镇和平村发展了一支能够较好常态开展工作、较好发挥作用的志愿者团队。

在疫情防控期间，社工站和志愿者队队长李青凡带领 40 名志愿者在村里进行防溺水、疫情防控、疫苗接种等宣传，志愿者在每个防溺水重点水域每天值守，并对村里的留守儿童实行"一对一"帮扶宣传；村内的红白喜事一切从简，并为村民发放口罩和测量体温；志愿者配合社工协助政府根据大数据排除对未接种新冠疫苗的村民进行对话询问、劝解工作，并摸排村内所有麻将馆，劝其在防疫期间自行关闭。

（六）慈善工作

配合协助慈善办开展慈善助学活动和贫困学生入户调查、慈善助居调查。这个和低保入户调查一样，我们只需把调查的情况实事求是地反馈给慈善股就行。这对我们的工作也有很大帮助，可以发展大学生志愿者。

（七）机动工作

在完成常规工作的同时，会与民政室机动完成相关工作。总的来讲，我们的工作离不开政府的支持与帮助，在资源链接方面，政府的资源很重要，在开展工作的过程中要和政府的各个部门全力配合，我们出方案，他们出物资，政社合作将基层工作做实做细。

例如每年 7—8 月，我们的工作重点之一是防溺水宣传，通过社区活动的方式起到预防和宣传的作用。活动通过防溺水动画视频、社工及志愿者教学防溺水手指操、防溺水知识有奖抢答等多种形式向小朋友们宣传防溺水知识，更是设置了多种防溺水主题游戏，让孩子们对安全知识有了深入的了解和操作实践，掌握了一些简单的自救办法。活动通常设有智救落水者、憋气体验、防溺水问题连连看、挑战顺口溜四个闯关摊位，社工和志愿者扮成各个摊主，孩子们每完成一个游戏环节，即可获得一枚印章，通关小朋友可以换取套圈 3 个，到礼品区套取礼品。整个活动别出心裁地将防溺水知识蕴藏在趣味游戏中，吸引了很多小朋友参与，气氛相当活跃。很多家长更是带着孩子一起参与，带来了一次意义非凡的亲子活动。整个场地欢乐声此起彼伏，孩子们像快乐的小鸟，家长们对活动赞不绝口。

再例如，通过走访调查，发现这边学校的教育发展水平普遍较低，没有足够的资金来配备和更新图书，优秀课外读物更是少之又少，很多学校根本没有自己的图书室。因此，建立图书室、为学生提供良好的阅读条件、提高学生的阅读能力成为当地教育的当务之急。社工基于以上的调查和分析，链接了市图书馆与"好小子"机器人教育机构，设立了可持续性的公益项目，通过向铁山小学赠送读本、协助建立图书室的形式，并结合其他丰富多彩、活泼互动的活动，来唤醒孩子们对阅读的兴趣，希望通过身体力行的公益行动回馈社会，也希望用绵薄之力帮助孩子们建立一个良好的学习环境。

八、工作成效

社工站这几年的工作成效主要有：一是社工介入低保调查，大大缩短了工作流程，缓解了困难群众申请救助不能得到及时回应的矛盾，降低了信访率。二是在敬老院的服务上，让老人不再是为"生"而"活"，而是真正体会到了幸福的生活。三是儿童之家基本被激活了，协助村（居）不定期开展儿童活动，不再让儿童之家成为摆设，实实在在为儿童提供了学业辅导和生活技能、安全防护等方面的知识，提升了社区儿童的获得感和幸福感。四是日间照料中心基本被激活了，不仅丰富了社区老人的生活，精神上也得到了慰藉，还培育了老人志愿者队伍，让老人积极参与社区活动，对社区更有归属感和凝聚力，让老人们老有所养、老有所依。五是在社工的引导和支持下，渣渡镇志愿者队伍从一盘散沙到能够自主开展相关志愿服务，取得了不小的进步。

九、成长反思

对我个人而言，从一个没接触过社会工作的人，到做了3年的乡镇社工，工作和成长的体会是：工作虽然繁重、烦琐、曲折，但是通过我不断努力和突破，3年工作基本顺利完成。不仅对民政业务慢慢熟练，而且社会工作专业服务也成长了许多，特别是当看到通过我的努力帮助过的人的生活越来越好时，成就感特别强，激发了我工作的动力，让我越来越喜欢社工这份职业。我也经常想，有我们社工站和没我们社工站，区别在哪里？我们的价值在哪里？也有人常问，你们社工站在乡镇，是不是主要给乡镇打杂，天天做些行政事务，对改善基层民生有用吗？通过实践，我的看法是：没有社工的时候，传统救助工作大部分是对符合政策条件的困难群众"应保尽保"，对于不符合政策条件但存在生活困难的群众会存在心有余而力不足的情况；有了社工站之后，社工发挥专业作用，积极链接资源，满足群众多元化需求，使得基层民政工作的服务得到了提升，也更加精准化。社工站的到来，给基层带来的最大变化是通过整合资源，下沉一线，倾听群众所想、了解群众所需、解决群众所急，切实打通了基层治理的"最后一米"。这可能就是我们的价值！

湖南省常德市武陵区社工站唐莹：
永远在路上，永远热泪盈眶

终于完成了活动方案，看了看窗外，天已黑，又是一个加班的夜晚。走在回家的路上，望向点点星空，路旁的灌木带着春天的清香扑鼻而来。我不禁回想，与社工结缘已近 3 年，即便是加班成为工作日常，却还是心甘如饴，内心充满幸福。也许这就是社工这个职业的神奇之处吧！

对于社工的认知，起源于小时候看过的中国香港电视剧，电视里的社工是抱着募捐箱在社区里为身处困境的人募集救助金的一群好人。小时候的我认为，社工就是做好事的人，是帮助他人的人。哪曾想到，从 2019 年开始，我也成为他们中的一员，成为一名民政社工。

初　入

2016 年，因为在社区工作的缘故，我通过了助理社会工作师的考试，但当时的我对社工的认识，也只停留在书本上的"助人自助"，虽说也常和居民打交道，但工作的行政性更强。2019 年初，我的身份从社区网格员转变为专职的乡镇社工。因为多年的志愿者经历，成为社工的我还有点小激动，心想着把公益做成了职业，也还不错！可哪知来到了一个陌生的街道，面对着让我手足无措的文书工作，还有难以开展的个案、小组和社区的专业工作，让我一筹莫展、压力倍增。于是我从熟悉民政业务和民政对象入手，在民政所长的支持和社工们的帮助下，我也迅速地进入角色：主动地融入社区开展社区活动；联合街道其他社会组织开展志愿服务；走访民政对象，开展个案帮扶……

欢欢（化名）是我的第一位个案服务对象，15 岁的叛逆少女，小学时候的她活泼可爱、能歌善舞、成绩优秀，可父母在她六年级时离异，之后她跟随母亲生活，而父亲在重组家庭后又育有一子。父母的离异对她打击很大，加之父亲再婚育子后，对欢欢的关心和管教有所忽略。进入初中后，青春期的她学习成绩一落千丈，性格也变得孤僻，并养成了逃课的坏习惯。母亲对于性格突变的女儿也失望至极，有时甚至恶语相向。欢欢常常用离家出走的方式来威胁母亲。对于欢欢的离家出走，母亲也习以为常，双方关系岌岌可危。经过多次家访，我发现欢欢是一个热爱动漫的女孩，通过和她探讨动漫话题，她也慢慢向我打开了心扉。欢欢告诉我，她知道自己现在的行为非常不好，也知道母亲的管教其实是为自己好，但母亲的管教方式只是一味地责骂，让她根本听不进去。我发现，造成双方如此局面的最大问题是母女间的沟通方式。随着欢欢对我的信任不断增强，我也试着从她们的母女关系进行介入，一方面引导欢欢通过回忆母女间的温暖瞬间来理解母亲对她的爱；另一方面带领欢欢和父母开展"亲情会议"，聆听彼此的需求，从而改善亲子关系。如今，欢欢逐渐走出了阴霾，自信地面对着她的高中生活。

第一次个案的成功，让我更坚定了对社会工作价值理念的认同。"尊重、真诚、同理"是社工的基本职业操守，让服务对象感受到关心和被爱，才能给他们的改变带来动力。看到服务对象的改变，也让我信心满满。所以说，社工是一个极具幸福感的职业，而我的幸福和为之源源不断提供动力的就是服务对象的肯定。

成　长

2019年5月，因为在多次小组、社区活动和个案服务中所积累的一线服务经验，我调入了武陵区社工总站担任项目主管。从站点社工到项目社工，从只需要完成一个站点的工作任务到需要站在全区的高度进行项目规划，包括具体项目设计与执行、活动统筹与安排、资源链接等工作，工作难度的提升也促使我在工作中加速学习。

"武陵红——老党员志愿者联合会"是我参与设计和实施的第一个项目。该项目以"党建引领，邻里守望，居民自治，志愿服务，和谐社区"为目的，以老党员志愿者和专业社工为实施主体，以老党员志愿服务站为平台和主阵地，充分发挥基层老党员政治、思想、经验和威望优势开展扶贫帮困、义务巡逻、日常娱乐等形式多样的社区活动，以激发基层活力，完善社区服务。

记得 2019 年的夏天，是我最忙碌的一个夏天：5 月全区调研、6 月建站筹备、7 月组建团队、8 月立站推广。项目之初，我也感到迷茫和不知所措，但通过在工作和学习中不断摸索，我意识到与社区居民的交流是无比重要的，必须要"走出去"，让自己融入社区、融入居民们的生活，带着热心、耐心和居民们在一起，了解他们的需求，只要让他们知道你的心意，就会很乐意和你交流。短短的 4 个月，在全区驻站社工的努力下，我们在武陵区的 14 个乡镇（街道）成立了 16 个"武陵红"老党员志愿服务站，通过搭平台、建秩序、拓渠道，创新性地打造了"武陵红"老党员志愿者联合会这一"社工+志愿服务"新模式。渐渐地，我们和老党员志愿者们成了"忘年好友"，居民们见到我们也会主动打招呼。有了这样的群众基础，武陵社工从此也有了自己的专业服务平台，以"武陵红"站点为基地开展社工服务，我也和"武陵红"一同成长。

在项目中的成长是快速的，因为看问题的思维角度不同：以前可能只需考虑和服务对象的关系，现在更多的是在全区层面看问题；以前可能只需考虑如何开展好一场活动，现在可能是需要考虑如何调动资源去策划开展系列活动。随着项目的推进，我也一步步在摸索中学会思考和总结，促使自己不断成长。

感　动

"我要一步一步往上爬，在最高点乘着叶片往前飞，任风吹干流过的泪和汗，总有一天我有属于我的天……"歌声飘扬在大厅的上空，带给现场观众的是感动和温暖。

如此天籁童音来自常德市武陵区芦荻山乡李白溪小学的一群留守儿童。李白溪村是武陵区城郊的一座美丽小村庄，村里的留守儿童基本上都就读于这个村小。因为远离城区，孩子们无法和城区的孩子一样，拥有丰富多彩的课余生活。

记得我们在学校开展的儿童活动结束后，孩子们就和我们坐在操场上，唱着歌等着爷爷奶奶来接他们。校园里飘扬着孩子们快乐的歌声和笑声，孩子们对音乐的喜爱，也让我们萌发了打造一个合唱队的想法，给孩子们带来更专业的音乐素养教育，用音乐为孩子们打造一片心灵港湾，为他们带去欢乐和梦想。就是这样的初心，在专业培训机构声乐老师的支持下，于是就有了"星火计划——儿童音乐素养项目"，于是也就有了武陵区第一个留守儿童合唱团。因为我们相信：你我皆星火，终可点亮孩子们的灿烂星河。

看着孩子们自信地站在首秀舞台上，回想着孩子们的努力和坚持，点点滴滴历历在目，我已泪流满面，握着手机拍摄视频的双手也已抑制不住地颤抖。

成为社工后，会有很多很多的感动时刻，会因为得到服务对象的认可而感动，会因为看到服务对象的成长而感动，也会因为社工们齐心协力完成了一场活动、一个项目而感动。社工就是用生命感动生命的职业，无数次的感动也让我的生活更加充实和满足。我想，社工的信念已融入我的血液了吧！

结　语

社工，在湖南、在常德、在武陵，尚在起步，我有幸成为其中的一员。也许前路会有风雨险阻，但我不是一个人，有着成千上万的社工们共同探索、一路前行，我也将越发坚定地走下去。

心之所向，无问西东。社工之路，我一直在路上……

湖南省常德市武陵区
白马湖街道社工站马清平：
用爱的微光，照亮温暖的世界

"社工的精神，真的不在于能做出惊天动地的事情，而在于那份真诚的聆听和沟通，在于那份真诚的坚守和执着，更在于永远做促进和谐的一份力量。"这是马清平在一次演讲中的一段话，恰如其分地表现了她用情于民众，真诚聆听群众心声，用爱照亮帮扶对象的温暖世界，坚守社工梦想的执着。

2018 年 12 月，带着一份沉甸甸的社会责任感，马清平放弃了从事多年的财务工作，在常德市武陵区白马湖街道走上专职社工之路。对于非社工专业的马清平来说，心里对社工这个职业充满了好奇和新鲜，但对于非专业的她，也完全充满了挑战。

刚开始工作确实有点无从下手：个案、小组及社区活动、调研报告、工作计划、各种各样的活动指标等，尤其是一个人驻点一个完全陌生的街道更让她手足无措。因为自己无法找到社工工作与民政工作的平衡点，每天忙忙碌碌却又毫无头绪，焦虑充斥着她的内心：担心不适应这份工作、担心得不到认可。在各位领导和周边同事的帮助下，马清平很快适应了环境，进入了角色，靠着眼勤、嘴勤、腿勤快速地融入街道工作环境，不仅学习到了新知识、新技能，还得到了周围同事们的热情帮助。她以专业的社会工作价值观，尊重、接纳身边每一位需要帮助、能够帮助的群众，很快就融入了这份工作中。

一、以我之手，温暖你无助的心

在社会工作的实践中，社工所面对的群体是很特殊的，也是很复杂的。在了解到生命不同的面向、层次和性状的同时，马清平感受到生命的宽度和深度也被一点点拓宽延展。她开始一点点接纳、包容并尝试理解各种不同人群的不同选择，对他们多了一份理解，少了一些妄断和批判，对生命更加敬畏。

入职仅 3 个月的时候，社区 54 岁的居民毛阿姨来向马清平寻求帮助。毛阿姨患脑血管疾病及类风湿关节炎多年，丧失部分劳动力，多年前离异，唯一的儿子小陈在年少时患上了精神分裂症，前夫 2007 年过世，毛阿姨独自抚养患病的儿子。为了减轻负担，毛阿姨选择了再婚，但再婚的配偶赵叔叔每月收入也不高，不仅不能承担起照顾儿子的重任，还因为儿子小陈的医疗费用问题屡次与毛阿姨发生矛盾，他除了拒不支付生活费，还多次向毛阿姨提出离婚。让毛阿姨雪上加霜的是经常遭到儿子犯病时的殴打，身上经常青一块紫一块。毛阿姨整日在家以泪洗面，情绪濒临崩溃，儿子每月的医药费用更是压得她喘不过气来，轻生的念头都有了……这一切的际遇让毛阿姨感叹生活的艰难、命运的不公，几乎走投无路的她，甚至萌生了带着无法独立生活的小陈一起了结生命的念头。

看着毛阿姨满是泪痕、满是无助的脸，马清平心头涌出了百般滋味，既同情毛阿姨的遭遇，又替毛阿姨感叹命运如此多舛，更担心两条人命，她深感事情紧急。虽然还没有处理此类个案的经验，但是马清平拼命让自己冷静下来，运用考助理社工师时学习过的同理心、观察、心理疏导、情绪安抚等各种个案工作方法和技巧，与毛阿姨长谈 4 个小时，终于让毛阿姨情绪冷静了下来，打开了自己的心门，选择了信任马清平。接下来一段时间，马清平成了毛阿姨的贴心人。在交流中，她不仅运用危机干预等方法，让毛阿姨打消了想轻生的念头，更是对应毛阿姨的现实困难与需求，通过申请临时救助金、联系康复医院免费接收治疗小陈等资源链接终于帮助毛阿姨渡过了眼前的难关，家庭矛盾得到了缓解，笑容逐渐挂上了毛阿姨的脸庞，她还逢人就夸马清平是他们全家的福星。

能够帮助毛阿姨走出困境，马清平也倍感欣慰。在困难中历练，在磨砺中成长，最重要的是能够帮助到别人，得到别人的认可，这就是实现了社工的价值意义。对于社工而言，最开心的事莫过于此。

二、以心相待，圆你心中的梦想

勤勉敬业的马清平，走基层摸实情是她的工作特色。从到街道上班，她就向领导汇报，申请领导每次下社区都能够带上她，目的是让自己能够更加全面地了解街道各类人群的具体情况。摸清大体情况之后，她又进一步实施了深入走访社区的规划和接触各种困难人群的计划。

俗话说，幸福的家庭都是相似的，不幸的家庭各有各的不幸！三角场社区的李姐，走进了马清平的视线。47 岁的李姐是一位尿毒症患者，多年的透析治疗和沉重的生活压力早已白了她的头发，每每说起自己的境遇时，眼神里满是忧虑………久治不愈的病情、高昂的治疗费用、丈夫微薄的收入，早已让这个家不堪重负。最让李姐揪心的还是读五年级的女儿小雨，这个品学兼优、热爱学习的孩子十分羡慕同学在课余可以上兴趣班，但是懂事得让人心痛的孩子却从来不会和父母提，她总是把这些愿望深埋在心底。

看到李姐的家庭情况，马清平深深地感慨：像李姐这样的家庭真的太需要社会关爱和帮助了，社工更应该发挥"助人自助"的理念，让这个风雨飘摇的家稳固下来。马清平通过多次电话访谈和实地走访，了解到李姐的困难和需求最主要的就是不能让小雨自卑，能够申请疾病的救助。于是马清平马上积极联系各方资源，通过和社工总站同事们的努力，为孩子链接课外补习学校，热心的学校负责人周老师二话不说就接收了这个学生，并承诺不仅在暑假让孩子免费学习英语及数学，秋季班开课以后孩子也可以继续在学校里学习，学校会一直提供免费课程补习。小雨的问题落实后，李姐激动的泪水早已打湿了衣襟，拉着马清平的手感动得说不出话来。随后，马清平奔走于相关部门了解救助政策，帮助李姐申请了临时困难救助，缓解了李姐的燃眉之急，帮助他们共渡难关，一起为这个家重新燃起希望之光！

精神的力量是强大的。作为李姐信念支撑的小雨，通过补习更加优秀，不仅成绩更上一层楼，而且还以综合打分第一的实力被学校评为"最美少年"。李姐的精神面貌完全得到了改观，脸上洋溢着和蔼的微笑，眼睛弯弯的，溢满了光彩。李姐感慨最多的就是，有了社工的帮助和鼓励，她对以后的生活也充满了希望和信心。

看到重新站起来面对困难并打倒困难的李姐，马清平更是感慨万千，也真正体会到了"助人自助"这个社工理念的精髓所在。为了更好地帮助李姐的家庭，马清平联系到了市里一家助学爱心联盟机构，通过"微博（微信）发布信息—爱心人士捐助"这种一对一助学的方式，又为小雨连续3年筹得了1200元/年的助学金。当马清平和社工总站的同事们带着她们母女一起来到这家助学爱心联盟机构，领取到来自社会爱心人士的助学捐款时，李姐再一次潸然泪下。她一边拉着马清平的手、一边拉着小雨的手，又亲切又激动地说："马社工，你们是大恩人哪，真的太谢谢你们了，是你们又让我的生命燃起了希望，以后我一定要让女儿向你们学习，一定要多帮助别人，一定要回馈社会。"

在白马湖街道社工站工作的一年里，马清平自主开展社区活动7场，协助开展活动16场；开展小组活动7场、个案帮扶6例，提供志愿服务10余次，直接服务人次达300余人；自主开展的"追梦新征程、社工在行动"社工宣传文艺晚会活动得到了领导及居民的一致好评，先后被武陵区新闻中心、《常德日报》《常德晚报》、红网等各大媒体报道。她积极引导并协助白马湖街道新建巷社区建立的"新建巷社区老党员志愿服务站"工作开展得有声有色，为合力打造白马湖街道社工站品牌作出了突出贡献。

马清平常说："既然选择了坚守就不会后悔，我会用自己微薄的力量帮助别人温暖别人，哪怕前方还有许多的艰难险阻，哪怕其间会遇到各种各样的困难和挫折。"一年的时间，她经历了太多太多，她把自己全部的心血变成一点一滴的关爱，无私地奉献给他人。我们相信，因为有一颗热忱的赤子之心，马清平一定会在社会工作这条道路上披荆斩棘、大步流星地走下去，让更多需要帮助的人们，在命运的泥淖之上，生命依然灿烂如花。

四川省阿坝州理县湘川情社工站王海莉：
社工——我的青春岁月

我是四川省阿坝藏族羌族自治州理县人，藏族，社会工作专业，助理社工师，湘川情社会工作服务中心副总干事，从事社会工作服务 7 年。

2008 年地震，阿坝州理县受灾严重，那年我 15 岁，读初中三年级，我的老家在经历"5·12"大地震后，由专家评估有地质滑坡的危险，需要整体搬迁，同时老家的房子成了危房。我从小就知道，房子是村民的一切，村民基本靠种地为生，很多家庭都没有什么积蓄，一辈子就奋斗出个房子。因为这场灾难，让父母一辈子的辛勤付出化为乌有。我开始懂事并理解父母，本不愿意复读初三，准备去省外读职高的我，听了父亲的话，留在理县安心复读，准备下一年的中考。也就是在这个时候，铺垫了我与社工行业的缘分。

17 岁初遇社工，加入志愿者协会

"5·12"地震后湖南对口援建理县，湖南援建队把"精神家园重建和物质家园重建并重"，将"社会工作和心理援助项目"纳入三年援建规划，列为第一批重点援建项目。当时整合了被四川省评为"抗震救灾先进模范"的长沙民政职业技术学院社工服务队和湖南的多支公益组织，于 2009 年 8 月成立了理县湘川情社会工作服务中心。我与社工行业以及与长沙民政职业技术学院的缘分从"5·12"地震后理县成立湘川情社会工作服务中心开始。小时候电视里经常听到的一句广告语"帮助别人，快乐自己"，这句话深深地入驻到我的心里，向往志愿者身份，觉得帮助别人有一种成就感，是一种快乐，所以在读高中时听说学校成立了志愿者协会，要招会员，心里特别激动，毅然报名参加，终于可以当志愿者了。之后了解到学校的志愿者协会是由理县"湘川情"社工机构发起的，就这样我认识了"湘川情"，认识了社工。那时我只知道这是一个助人的机构，助人的行业，以为和普通的志愿者一样。

加入志愿者协会后，在当时的"湘川情"带领下参与了许多志愿服务活动，包括志愿者培训、下乡宣传社会工作等。我清楚地记得第一次志愿者培训，"湘川情"工作人员给我们讲解了关于志愿者的知识，解释了什么叫志愿者、志愿者有什么义务、为什么要当志愿者等问题，再一次激发了我对志愿服务的热爱，更喜欢上了志愿者这个身份，心里自豪满满。还记得第一次以志愿者的身份与理县"湘川情"的工作人员，下乡到理县杂谷脑镇克增村开展克增村村民志愿队成立会，那是第一次知道志愿者的发展不只在学校，农村一样可以有志愿者。联想到自己所在的村落，父母与村民整天忙农活，很劳累，娱乐活动特别少，如果可以通过社工与志愿者的力量给村民开展一些活动，放松一下劳累的身体，其实是一件美好的事情。那时候我的心里就种下了一颗种子，希望以后可以通过志愿服务平台，在家乡做一些事情，让经历过灾难的家乡人民得到丰富多样的志愿服务，提升幸福感、快乐感。

20 岁走进长沙民政职业技术学院开启社工求学路

高考临近，大家开始备战，希望考上自己满意的大学，同时也迷茫不知道报考什么专业。正在我拿不定主意时，看到了长沙民政职业技术学院的单招广告册上的社会工作专业，大概了解到毕业后是像"湘川情"一样做助人的工作。当时很惊奇，还可以把像志愿者一样助人的事情作为职业，还有工资，那何乐而不为呢？因为喜欢，所以通过单招考上了长沙民政职业技术学院社会工作专业，开始了社会工作专业的系统学习，同时积极参加史铁尔院长的实务导师团队。作为理县"湘川情"创始人的史铁尔院长把我们当成种子培育，希望毕业后可以回理县在"湘川情"生根发芽，回报家乡。史院长督导我们开展义工服务活动，记得那时每周末都会定期服务社区里的一个脑瘫青少年，大学期间的每个周六基本上都用于服务工作。通过个案及社区服务，整合资源介入服务对象家庭。在我们服务团队长期努力下，孩子的生活环境以及肢体功能得到改善。这是我在大学时的第一个服务对象，看到服务对象的正向转变，心中无比快乐，也开始慢慢积累实务经验。在校期间，我参加了许多校内校外的义工活动，大学三年的寒暑假都在"湘川情"实习，开展青少年夏令营活动、入户走访困境儿童家庭、开展敬老院老人小组等文娱活动，实务经验开始丰富多样，也渐渐有了社工的样子。

23 岁开启"湘川情"的职业生涯

2015 年大学毕业，我没有像其他同学一样纠结去哪所城市、找什么样的工作，而是在史院长的鼓励下回到了理县，仿佛从学习这个专业开始，我内心就已经决定毕业后回家乡从事社工行业，就这样，我正式成为理县湘川情社会工作服务中心的一名员工。

当时湖南援建队的社工已撤出理县，留下的是比我早两年也是在长沙民政职业技术学院毕业的学姐学长，我们都是理县本土社工。

一路走来在"湘川情"已有 7 个年头，这 7 年有许许多多的温暖故事记在心里，成为我青春岁月的美好回忆。从志愿者到成为一名社工，从社工小白到成为理县的本土专业社工，我慢慢进入角色，在自己所热爱的行业里发挥自己的本土优势及专业特长，在老年人、青少年等领域开展了丰富多样的服务，同时在当地政府的支持下把服务拓展到理县职工，在各个领域做各种尝试突破自己。在 7 年社会工作服务中，开展了由基金会及政府支持的多个项目，在每一次项目结项时都会有新的收获，项目管理、资料归档、财务规范、宣传报道、外联整合资源等，积累了一定的服务经验，在本土化社会工作服务中继续探索。社会工作服务没有最专业，只有最适合。服务对象一次次回馈的微笑，让我感受到了行业带给我的成长与温暖。这条社工道路我还在坚守，感恩通过"湘川情"的平台得到来自不同的声音以及行动上的支持，让我幸福的是在爱中、温暖中工作，真是一件美妙的事情。

走上理县的社工路，不是顺风顺水的，也有许多坎坎坷坷。由于缺乏专业督导，再加上当地资源比较少，机构陷入生存困境、面临各种问题，我开始怀疑当初的决定。那时候心中的无力感不知道向谁诉说，开始怀疑社会工作服务的意义。最后，因为各种因素"湘川情"只剩下机构负责人与我，两人相互影响、鼓励，主动对外求助，在经过很长一段时间的挣扎后，开始定下心来，继续我们的"社工梦"。虽然工资很低，甚至断粮，但是社工的情怀在各位老师的支持以及鼓励下热情高涨，不忘初心，真诚地做专业服务，相信付出就会有收获。

回首过往，我认为能坚持到现在的原因首先是对社会工作的热爱使自己时刻保持对工作的求知欲和新鲜感；其次是得有动力，动力来源于多方面，只有发自内心地喜欢才是主动的；还有就是具备抗挫力，做任何事情都不是一帆风顺的，当遇到困难和瓶颈时，跳出自己的固有思维，换一个角度看事业、看自己、看未来，才能茅塞顿开，同时要有很好的团队意识和责任心。

今年我 30 岁，在"湘川情"我从毕业的大学生成为已结婚生子的老社工，"湘川情"见证了我从恋爱到成家的过程，陪我度过了青春岁月。在"湘川情"，有服务带来的感动与欢笑，有不被理解的委屈与泪水，有项目结项加班到凌晨的疲惫身影，有与伙伴工作中意见不统一的争吵，有背上行囊外出充电的美好学习时光，有由于机构困境带来的断粮后的不安全感等，成长的点点滴滴成为回忆，也是我的宝贵财富，这就是我的青春岁月。我也期盼自己通过学习得到更多的成长，在已有的经验中突破、创新，给自己留下一份在青春岁月里不悔的奋斗过的痕迹，让我肯定我的坚持，庆幸我的坚持。

目前在家休产假，也期待着重返工作岗位，继续撰写属于我的社工故事，也希望自己可以成为宝宝的榜样，把青春里的社工故事慢慢讲给宝宝听。

北京市大兴区益民农村社工事务所李冬旭：
我在北京驻村做社工

一、我的介绍

我叫李冬旭，是本村村民，同时也是一名本土社工。我毕业于北京印刷学院，所学专业是管理学专业，从这一点来讲，其实和社会工作专业没有什么紧密的关联。但是，在我的大学期间，北京市大兴区益民农村社工事务所便在本村成立，其所提供的各项服务，我也有部分的参与，因此也和各高校前来实习的专业社工有了较早的接触和认识。了解到社工是来为村庄做服务的，并由其在村里的文化服务上下了很大的功夫，也让我有了机会参与进来。可以说，社工的到来为我展示自己搭建了舞台，因此我也对村里来的这些社工，以及社会工作这一行业产生了兴趣，开始逐渐地与他们认识并融入。

二、对社工的初步了解

2016 年，"能人"回村的韩书记，在各级民政局和专家学者的支持下，在村里成立了北京市大兴区益民农村社工事务所（以下简称"益民社工"）。起初，事务所由北京部分高校的社会工作专业的实习生运营，并于 2017 年在村里开展针对村民需求的田野调查。当社工来到我们家调研的时候，我感觉挺新鲜的。这一批大学生毕业之后没有去繁华的都市寻找环境宜人的工作，却转而投身到偏僻的乡村来建设一个比较落后的地方。我在诧异的同时，也下意识地提高了对这一群人的关注。调研过后，社工们为了活跃村庄氛围、满足村民文化需求，举办了一些大大小小的文化活动。我在"群众文化艺术节""庆丰收捕鱼文化节""慈善公益节"等活动中被聘请为主持人，这样一来二去就跟社工们有了越来越多的接触，他们"助人自助"的工作理念以及深入扎根农村的工作态度，逐渐打动了我。

三、加入社工团队

毕业后，因为考研失利，加上疫情的影响，我迟迟没有寻找到合适的工作。此时，我在益民社工的公众号上看到了招聘启事，想着和社工们也熟悉，理念上也认同，就抱着试试看的态度投递简历。不久后，我收到了简洁而又暖心的回复——"恭喜你，可以来上班了"。就这样，我正式加入了益民社工，正式加入了社会工作者的队伍。工作后，我也和面试我的伙伴进行了交流，因为我自认为我是非专业出身，在提供专业服务上不占优势，所以我想知道，是何原因机构选择了我。面试负责人伟静姐对我说："社会工作是新兴职业，不易被基层群众接受，如果想把'助人自助'的社会工作理念在基层筑牢、生根发芽，那么就需要培养本土化的一部分人，去带动全部的人。"后来，伟静姐还告诉我，考虑到我参与了很多村里的服务和活动，具有基础的人际信任关系和社会交往关系；同时也认为我积极参与活动、主动发表优化建议和看法，说明我对村里的建设和发展是关心的、上心的，因此也是值得托付的。现在回想起来，我觉得自己虽然没有储备专业的系统性理论和实务知识，但能够认真地做服务，并且带动大家一起参与、群策群力，我想，这也是我比较适合从事社会工作的优势之一。

四、工作历程

起初，我和事务所的资深社工们一起入户调研，了解村民的生活需求，在大家的带领下一起开展活动，并且作为承办方，组织全体社工一起协助村委会举办了"新年写春联"和第四届"庆丰收捕鱼文化节"，以组织者和引导者的身份调动了广大村民和志愿者的参与。后来，为了给我更多展示和发展的空间，事务所将我调配到邻村继续开展工作。随着民政部推行基层社会工作服务站的建设，我们镇也开始建设镇级社会工作服务中心（以下简称"镇社工中心"）及村级社工站，我也有幸来到了镇社工中心继续开展工作。

短短两年的时间，虽然变化的是工作岗位和工作内容，但实际反映的是对我的培养方式的转变。最开始，机构选择老员工带我一起在本村开展服务，教授了如何入户、如何动员村民、发动村民积极性等基础的实务方法，这也为我后续的工作打下了基础。但是，在本村开展服务，毕竟占据了"天时地利人和"等各种优势因素，不利于拓展性发展，于是通过协调，将我调动至邻村历练，以锻炼我"开荒拓土"的能力，实际上也是在潜移默化地助推我在工作中发现不同于本村的新鲜问题，并且锻炼我以自身能力去解决问题，多探索、多积累。目前，我被调动至镇社工中心，让我接触到更广阔的舞台、更具挑战性的机遇，逐步培养我统筹和协调的管理能力。

五、一些感想

社会工作者的本土化培养，必须先从基层的实务开始做起。由于本土社会工作者缺乏系统性的理论知识架构，单纯地培养社会工作专业理论和知识是无济于事的，一定要在工作中、在实践中设身处地地去感受和体会。

社会工作的普及和推广，也应该以实务工作为主。中国乡土社会的社会问题，是复杂多样、掺杂着血缘和地缘等诸多因素的系统性问题，蕴含着本土特色中国式"症结"。因此，作为"舶来品"的社会工作，势必要与本土化相互结合成一味良效的"中药"，加以对症治疗。而从这一过程中又映射出一个非常尖锐的问题，那就是效率和效果的问题。中国的社会工作发展一直以"外包式的项目制"来运作，但其作为一个新鲜的事物，不可能像设定的机器一般，抑或是传统的项目一般高效运作。同时，社会工作解决的是几十年甚至上百年所积累的系统性的基层社会问题，必然会消耗更长的时间来慢慢地逐一化解，因而过于单一地追求项目制的"效率"，我认为是非常不明智之举。

益民社工在我村的工作模式，如今被区民政局、市民政局，甚至民政部点赞和推广。殊不知，益民社工已经在我村有了 6 年的服务经历和经验积累。社工们与村民们"同吃、同住、同劳动"，取得了村民的基本信任。三大品牌节日的忙前忙后，也给本村村民带来了很多的感动，"外来的社工都这么积极帮咱们村，咱们本村人也得努把力、争口气。"这是我在和本村邻居聊到社工时，听到最多的几句话。不仅如此，6 年的服务与活动开展，对本村村"两委"成员和志愿服务队成员的赋能也体现了明显的效果。在"庆丰收捕鱼文化节"中，村"两委"成员不仅能够熟记并运用"策划—动员—分工—活动开展—活动总结—入户调查获取反馈"的基层治理工作方法，还能够调动志愿者的参与，集民智安排"开场舞表演、捕鱼拉大网"的人员，并且一起商讨在"陪老人吃顿团圆饭"环节中做饭、招待、搀扶老人等所有细节。在群众文化艺术节中，韩大姐已经将自己的"传递话筒、引导演员上下场"的工作铭记于心，并且更主动承担了"开关灯光、开关幕布"的附加工作……这看似细节到微观的瞬间，却恰好体现出社会工作只有经过长期稳定的"扎根式"发展，才能展示出其对基层人员赋能、对基层能人和骨干的培养、对村庄品牌挖掘培育和发展、对社区氛围营造和文明乡风培育所体现的积极的、独特的作用。6 年时间，社工的到来，不仅落实了基层党建对乡村治理的方向和想法，同时以专业助人、助村，实实在在地为本村村民提供了更多可参与的社区治理方式，让大家都能够通过服务与活动参与并推进社区建设、发展和治理方式的转型，拉近了彼此间的社交距离，也稳定地推动了基层问题的解决和基层社会关系的良性运转，乃至推动了文化的振兴、乡村的振兴。

北京市大兴区益民农村社工事务所杨欣然：
社工并非全能，只是一直在成长

"这边还不错，要不你也过来吧。"这是我走入农村社会工作的开端，也是进入北京市大兴区益民农村社工事务所（以下简称"益民社工"）的起始。2018 年 9 月，已经在益民社工任职的我的好朋友对我说的这句话，让我们在此相聚，也在此扎根农村。

怀热忱之心，走社工之路

我叫杨欣然，2016 年毕业于邢台学院社会工作专业。2018 年的秋天，我成为一名一线社会工作者，因当时我入职较晚，未能参与大规模的村庄调研，而是在同事的帮助下，直接驻村开展工作。尽管在大学时期对社会工作进行了相对系统的学习，却从未完全将所学知识真正去实践，只是在课堂上进行过活动的模拟，所以到现在我还记得第一次在村庄开展儿童小组的失败。在小组策划过程中将每一个希望达到的目标融入孩子们感兴趣的活动中，因为小组的性质是成长性的，而玩是天性，作为一名社工我希望孩子们能够在快乐中成长。

事与愿违，记得在以情境模拟为活动形式的某一节小组活动中，整场活动由我来主导，当然也有一位小伙伴从旁辅助。事先给出场景，每个孩子都抽签拿到了不同的角色，随后由我为孩子们提示情节关键词，不同的角色做出相应的自然反应。但是进入情境后，发现孩子们的表现和预想中有很大差距，整场活动几乎是手忙脚乱完成的，孩子们的表现未能直观地展现出预期情境，同时也不能完全理解我的言语表达。在活动后的总结评估中，经过与同事的探讨，一一指出了本次活动的不足：社工语气太过严厉，应该接近小孩子口吻，要亲切，言语和行为、语气要同时兼顾不同年龄层次的组员；言辞不当，多次使用"我觉得"，会对组员造成不好的感受，应充分站在组员的角度考虑问题；表述模糊，多次强调小组契约，但是泛泛而谈，没有针对某一点；等等。那时我深刻体会到，专业能力不仅是理论知识，更是讲究知行合一。

以此为鉴，之后我经常与同事、前辈交流困惑，实地参与别人的服务活动，以观察者的角色汲取经验；多次外出参加培训，以多种方式不断提升自己；也有幸因机构的"以所带站"项目，我先后辗转在益民社工的5个站点（不同于现在的社工站）开展过工作；与更多的服务对象建立关系，有经历相差无几的老人、儿童，也有脾气秉性大相径庭的"两委"成员。秉持着热忱之心，我在专业的路上不断学习，切身感悟不同的人生韵味。

以昂扬姿态，阔步前行

2020年，益民社工承接了当地政府的居家老年人巡视探访项目，而我也在经过一年多的锤炼后，成为该项目的负责人，算是迈入了一个新的起点。

项目负责人作为项目的统领者，不再等同于只需要做好执行的一线社工，项目开始前的培训会、项目的实施安排、项目进行中各方人员的联系与协调等，都需要项目负责人承担。而第一次担任负责人，工作中自然有一些自己不太满意的地方。例如，在服务过程中发现重要问题没有与各利益相关方，特别是包括村"两委"这样最核心的利益相关方进行沟通核实，导致利益相关方与社工之间的信任关系受损。这个经验教训来自独居且失独的怀叔叔。怀叔叔住的是公家的房屋，在某一次电话探访中，负责社工了解到怀叔叔家的屋顶有破损，下雨会漏水，屋内返潮。怀叔叔本人说，曾两次找过村内负责人员，但都是不了了之，老人很是生气，表示事情再不解决，就要上访。负责社工了解到这一情况后迅速将情况反馈并与我探讨对策。在整合资料以后，我作为项目负责人立刻将该情况反馈给了镇政府的对接部门。镇政府在与该村负责人员联系之后，给出了相应的解决方案，并委托社工前去该村与村委会协商具体事宜。但到村之后，村委会间接表达了未收到老人的问题反映，也并未对老人放任不管，强烈表达了对社工未事先与村委会联系沟通，而是直接上报情况的不满。无论事实如何，在这场协商刚一进行的时候，我便意识到了工作中的失误：为什么我全然相信了怀叔叔的叙述？为什么当时没有先与村里核实情况呢？这件事后，我进行了反思：即使从社会工作的理论角度阐述，涂尔干也表示过人性的两重性，而作为服务对象来说，在同一件事的认知上自然会有不同程度的偏差与侧重，所以对于事实各执一词并不奇怪。但是作为处理或协调矛盾的社工来说，如果对于某一方所陈述的"事实"过于偏倚或者在问题解决的程序上无法实现公平正义，无疑会激化更多矛盾，使得本来与利益相关方"建立"信任关系的机会变成了与他们"恩断义绝"的悲剧，导致"社会系统"的紊乱。我深刻体会到，在做农村社会工作时，遇到类似事件，应与事务所同事和领导内部沟通，共议解决方案；也应及时联系村委会了解情况，若解决不了，再向上级反映。保证程序正义，才能取得更大限度的效益与共赢，才能更好地深化与各利益相关方的合作关系。

做社工就像"在玻璃碴里找糖"。在服务中，我们可以使多数人有改变，却不能满足所有人。我们一样会遇到很多困难、很多无能为力，但总有一些是我们能做的。这些能做的是我们前行的动力，要去做好，要将一点一滴都变为有意义、有价值。

勇于探索，高歌猛进

2021 年，在全国铺开乡镇（街道）社工站建设的大局之下，W 镇同样身先士卒，在建立乡镇社会工作服务中心的同时，还建立了一批村级社工站，两级体系同时运转，为 W 镇社会工作开花结果奠定了基础。

镇级社工中心的运行，我有幸参与其中，作为镇级社会工作服务中心的一分子，深感自己肩负着重要使命，更要以社工专业精神去对待每一项工作、每一个服务对象。

与伙伴们并肩前行的路上，我们坚持党建引领，重宣传抓实干，建立多个实践基地，拥有自己的专家智库，不断摸索"五社联动"如何真正发挥作用，如何落实发展社会组织孵化、社会治理创新实践和人才培育，在同事们（含村级社工站）的共同努力下，我们挖掘了 1 名本土持证社工、培养了 175 名本土志愿者和 9 支村庄志愿者队伍；村村有特色，村村有重点；各村建立议事品牌，打造社区治理新局面等。镇级社会工作服务中心和村级社工站成为我们基层治理的又一综合平台。

尽管我们也曾迷茫，也曾受挫，也曾对行政性工作难耐其烦，但还要将社工中心基本的方向引领作用发挥出来，辅以定向督导的专题培训。周期性调研，收集不同村庄发展的"痛点"、难点和村民需求，辅助各村级社工站在"4+N"的社会救助服务领域、养老领域、儿童关爱保护服务领域、社区治理服务领域等设计相对应的服务项目，实现村庄品牌化项目建设。

社工的工作成果展现并非一朝一夕，随着区级社会工作服务指导中心的加入，区—镇—村三级社会工作体系的作用也逐渐显现。以"五社联动"为平台，实现对"人、财、物"充分整合，发挥社会工作专业优势，在夯实基本民生保障、提升基层公共服务、创新基层社会治理等方面发挥重要作用，助推社会服务精准化，基层治理社会化、专业化，始终坚持党建引领，推动社会工作与基层党组织有机结合，助力乡村振兴。

作为社工的我已度过了 1000 多个日夜，在求索的过程中演绎了不同的经历。总的来说，社工不是万能的，社工的服务同样不是万能的；但作为社工要有一颗勇于探索未知的"心"，探索间隙学会享受生活，坦然面对生命，一直前行，因为社工一直在路上成长。